I AM DOER!

_____

_____ 의 NOTION PORTPOLIO

> 평범한 경험도 특별하게 만드는
> 노션 포트폴리오

나를 소개하는 키워드 찾는 법

NOTION PORTPOLIO

노션 공식 앰배서더
이루리 지음

"의미 없는 경험은 없다.
아직 의미를 발견하지 못한
경험만 있을 뿐."

READ DO

정신없이 달리다보면
내가 하고 있는 일에 대해 생각할 겨를이 없죠.

이 일을 어쩌다 하게 됐는지,
내가 원했던 일이 맞는지 알기 어렵습니다.

우리 잠깐만 멈춰서서
내가 해온 일을 돌아볼까요?
걸어온 길마다, 누구도 갖지 못한 경험이 쌓여 있습니다.

우리는 이 경험에서
나를 소개할 키워드를 찾아볼 거예요.

'노션'이라는 영리한 도구를 이용해서요.

노션의 기능을 이용해
경험을 정리하고 분류하는 법,
그 안에서 나의 키워드 발견하는 법,

그리고 내가 원하는 방향으로
나를 데려가줄 포트폴리오 만드는 법

지금부터 하나씩 알려드릴게요.

이 책을 덮고 나면
나만의 방식으로 나를 소개할 키워드를 갖게 됩니다.

출신, 배경, 회사 이름 없이
내가 선택한 키워드로 나를 소개하는 커리어 수업

지금 시작합니다.

이 책을 추천합니다!

이승희(브랜드 마케터, 『질문 있는 사람』, 『일놀놀일』 저자)

노션 앰배서더인 저자에게 가장 많이 노션에 대해 질문한 사람은 누굴까? 바로 나다. 흩어진 정보를 어떻게 정리해야 할지 막막해질 때면 이 책의 저자이자 친구인 룰을 찾아갔다. 대화를 나누다보면 그의 머릿속에 체계적인 그림이 그려지는 게 보여 신기하기도 하고 부럽기도 했다.

이 책의 가장 좋은 점은 친구의 머릿속에 있는 그림이 그려지는 과정을 실제로 보고 차근차근 따라갈 수 있다는 점이다. 덕분에 나도 여러 가지를 쉽게 시작할 수 있었다. 나만의 포트폴리오를 만들기도 했고, 회사 그룹웨어를 구축하기도 했으며, 심지어 출산 계획을 세밀하게 작성하고 기록하는 데까지 노션을 톡톡히 활용했다.

퍼스널 브랜딩이 중요해진 시대에서, 나만의 키워드를 어떻게 찾아낼 수 있을지 잘 모르겠다면 가벼운 마음으로 이 책을 시작해보자. 이 책은 '노션'이라는 도구를 통해 경험을 정리하고 키워드를 발견해 인생의 포트폴리오를 만들 수 있도록 돕는다. 이렇게 나를 이루는 사소한 것들을 기록하다보면 내가 하는 일의 의미를 발견할 수 있게 된다. 또한 내가 어떤 방향으로 살아가고 있는지 점검하고 앞으로의 계획도 세울 수 있을 것이다.

어떻게 시작해야 할지 막막해도 괜찮다. 경험을 어떻게 정리해야 할지 모르는 사람도, 자신만의 키워드를 발견하지 못한 사람도 모두 괜찮다. 시작을 돕고 싶어하는 친구의 진심에서 탄생한 책이니, 그의 노하우를 마음껏 훔쳐보자.

정재민 (콘텐츠 기획자, 뉴스레터 <슬기로운 점심시간> 발행인)

일할 땐 바쁘다고 온갖 경험을 서랍에 그냥 넣어두기 마련이다. 나 역시 이직해야 해서, 또는 포트폴리오 업데이트를 위해 어쩌다 서랍을 열어보고는 지레 포기하곤 했다. 무슨 일을 했는지 기억도 안 나고 대단한 성과를 낸 것 같지도 않았기 때문이다. 혼자서는 영영 포트폴리오를 완성하지 못할 것 같아 저자가 진행하는 워크숍에 참여했고 쉽고 섬세한 가이드에 따라 포트폴리오를 완성해 원하는 분야로 이직했다.

내게 필요한 건 단순히 포트폴리오가 아니라, '일하는 나'를 정의하는 하나의 키워드라는 사실을 깨달았다. 내가 어떤 사람인지 알아야 원하는 방향대로 나아갈 수 있으니까. 저자의 안내만 따라간다면 그동안의 경험을 데이터베이스화해서 이름을 붙이고 각 경험을 연결해 맥락을 만들 수 있다. 그리고 나를 설명하는, 적확한 키워드를 뽑아낼 수 있을 것이다.

이 책은 단순한 노션 매뉴얼이 아니다. 커리어에 대한 회고와 앞으로의 계획을 그릴 수 있는 관점까지 제시하는 책이다. 하나씩 따라하다보면 어떻게 해야 '나'를 드러낼 수 있을지, 나를 어떤 키워드로 정의할지 실마리가 잡힐 것이다. 그렇기 때문에 포트폴리오가 필요한 사람뿐만 아니라, 안개처럼 뿌연 미래를 선명하게 그리고 싶은 사람에게도 이 책을 추천한다.

혼자 포트폴리오를 만들려고 시도했을 때 실패했던 이유는 두 가지였다. 첫째, 화려한 노션 스킬을 따라하느라 힘을 빼서 정작 일 경험은 나열에 그치고 말았다. 둘째, 그렇게 나열한 일 경험마저 '어필하기 어렵겠다'며 백스페이스키를 연신 눌러댔다. 반면 저자는 포트폴리오에 필요한 기초 스킬만을 소개하며 가장 중요한 일 경험에 파고드는 것에 집중한다. 또 '나는 일 경험이 많이 없는데 어떡하지?', '성과가 뚜렷하지 않은데 어떡하지?' 걱정하는 순간마다 '그럴 땐 이렇게 해보세요.' 솔루션을 제시해 중도 포기를 막는다. 본질에 집중함과 동시에 다정하면서도 단단한 목소리로 독자에게 응원을 전하는 책이다.

무엇보다도 그동안의 경험을 정리하고 나만의 키워드를 발견하는 순간의 뭉클함을 꼭 느꼈으면 한다. 포트폴리오를 완성했다는 성취감 이상으로, '일하는 나'를 제대로 알아봐줬다는 생각이 들 것이다.

프롤로그

NOTION PROLOGUE

월요일이 휴무인 회사에 다닐 때, 월요병은 없겠다는 말을 들었어요. 그 말에 멋쩍게 웃으며 상황을 넘긴 건, 월요일이 오지 않기를 누구보다 바란 적이 있기 때문이었습니다.

대부분의 회사가 일을 시작하는 월요일에 제대로 쉬는 건 쉽지 않더라고요. 아침부터 하나둘 도착하는 이메일 알람, 업무 중일 거라 생각하고 걸려오는 전화에 카톡까지, 불안한 마음에 나도 모르게 노트북 앞에 앉게 되었거든요. 퇴근 무렵인 오후 6시가 되면 긴장이 풀렸지만 이내 우울한 마음이 찾아왔어요. 밀린 일을 후련히 처리한 것도 아니고, 개운하게 쉰 것도 아닌 하루가 너무 아까웠거든요. 무엇이라도 남기고 싶어 매주 월요일마다 블로그에 일기를 썼습니다. 폴더명은 '세이브 먼데이'. 월요일을 구하고 저장하겠다는 다짐을 담은 이름이었죠.

3년 정도 월요일마다 그날 하루 있었던 일 또는 그날 사로잡힌 생각을 적으며 기록의 중요성을 알게 되었어요. 특별히 무언가를 하지 않았더라도 글로 남기니 의미가 생기더라고요. 힘든 일이 생기거나 무력감이 들면 그동안 적어둔 일기를 훑어봅니다. 기록을 읽다보면 잊었던 어려움을 다시 마주할 때가 있어요. 저는 그 기록을 발판 삼아 성장했습니다. 힘든 일도 언젠가는 잊게 될 거라는 믿음을 마주하고 우연히 했던 일이 만들어준 기회를 깨달으면서요. 서른을 앞두고 그간의 일기를 모아 독립 출판물을 만들 때 마지막 장에 이렇게 적었어요. '언제나 과거의 나는, 지금의 나에게 힘이 된다'고요.

월요일의 기록 덕분이었을까요. 퇴사 후 나를 재정의하기 위해 고민하던 때 '일단 지난 경험을 모두 적어보자'는 생각이 들었어요. 8년 2개월, 오랫동안 작은 회사에 다니며 팀의 목표를 달성하기 위해 다양한 역할을 수행했어요. 당시에는 마케팅, 운영, 강의 등 무엇이든 열심히 해왔는데 막상 퇴사하고 나니 전문성에 대한 고민이 들더라고요. 그동안 즐겁게 일해왔지만 내가 했던 일이 내 선택에 의한 것인지, 아니면 할 수 있는 사람이 없어서 내가 하게 된 건지 답하기 어려웠습니다. 앞으로 무슨 일을 하며 살아가고 싶은지도 모르겠고요.

불안한 마음이 깃들었어요. 의미 없는 월요일을 보냈다고 느꼈던 그때처럼요. 그래서 일단 적었습니다. 이 불안의 실체가 '시간만 흐르고 그동안 내가 해온 일이 하나도 없는 것 같다는 마음'이라는 걸 알게 되었거든요. 그동안 해왔던 일과 경험을 모두 눈에 보이도록 기록했습니다. 그리고 그 경험을 다시 살펴보았어요. 모아보니 중구난방이라고 생각했던 커리어가 정리되는 기분이었어요. 누가 시키지 않아도 좋아서 했던 경험 간의 공통점과, 적기 전에는 몰랐지만 꾸준히 해온 경험도 발견할 수 있었어요. 전문성을 뒷받침해줄 경력이 없다고 생각했는데 인지하지 못했을 뿐 내 안에 충분히 쌓여 있었습니다. 기록하지 않아서, 보이지 않아서 몰랐던 거예요. 일기를 쓰고부터 월요일에 의미가 생겼듯 말이죠.

흘러가는 시간 속에서 우리는 어떤 일이든 해왔습니다. 바쁘게 하루하루를 보내다 보면 이게 내가 원한 일이 맞는지, 어쩌다 하게 된 일인지 알기 쉽지 않아요. 그렇기 때문에 한 번쯤 내 경험을 다각도로 살펴보면서 어떻게 이 경험을 연결할지 고민하는 과정이 필요합니다. 지난 시간을 돌이켜보며 맥락을 파악하는 거죠. 어떤 경험은 연속성을 띠고 있어 쉽게 이어지기도 하지만, 어떤 경험은 꽁꽁 숨어 흐름이 보이지 않을 수도 있거든요. 하지만 모두 '나'를 중심으로 펼쳐지는 경험이기에, 잘 찾아본다면 흘러간 방향과 흐름을 발견할 수 있답니다.

노션 한국 론칭 웨비나에서 '프리랜서 마케터의 노션폴리오 제작기'라는 제목으로 저의 사례를 소개한 적이 있어요. 내가 쌓아온 경험을 정리해 만든 키워드 포트폴리오를 공유했죠. 이를 계기로 노션 앰배서더로 활동하며 같은 주제의 강의를 여러 차례 하게 되었습니다. 첫 웨비나 이후부터는 '포트폴리오'를 강조하지 않았는데요. 포트폴리오를 만드는 것도 중요하지만 '나를 어떻게 설명하면 좋을지' 키워드를 고민했던 과정이 더 중요하다고 생각했거든요. 그래서 주로 <노션으로 나의 활동을 기록하는 방법> 혹은 <노션으로 나의 키워드 발견하기>라는 제목으로 강의와 워크숍을 진행했어요. 강의를 수강한 분들에게 그동안의 경험을 한번 되돌아보고 다음 스텝의 방향을 결정하는 데 도움을 줄 수 있어 기뻤습니다.

사회 초년생부터 10년 넘게 같은 일을 해온 직장인과 프리랜서까지 강의에 모인 분들은 나이도, 직업도 다양했지만 공통적으로 '스스로를 어떻게 설명해야 할지 모르겠다'는 고민을 가지고 계셨어요. 하지만 경험을 정리하면서 하고 싶은 일의 디딤돌이 되어줄 경험을 확인하고 나를 소개할 언어를 발견할 수 있었습니다. 포트폴리오를 완성한 후 퇴사하거나 이직에 성공한 분들이 많아 농담 반, 진담 반으로 "이 강의를 들으면 모두 퇴사를 하네요"라며 웃기도 했습니다.

이 책에는 쌓아온 경험을 정리하고 나를 설명하는 키워드를 발견해 포트폴리오로 만드는 과정을 담았어요. 경험, 키워드, 포트폴리오라고 하니 부담스럽게 느껴질지도 몰라요. 스스로 경험이 부족하다고 느낄 수도 있고 '나를 설명하는 키워드가 굳이 필요할까, 이직하는 것도 아닌데 포트폴리오를 만들 필요가 있나' 의문이 들 수도 있을 거예요. 하지만 그동안의 경험을 정리하고 거기서 키워드를 발견하는 건, 일단 '나에게 먼저 보여주기 위해서' 아닐까 싶어요. 포트폴리오를 만들다보면 나를 객관적으로 바라볼 수 있거든요. 스스로를 잘 알게 되면 점점 더 나에게 맞는, 내가 원하는 선택을 할 수 있게 된답니다.

'READ N DO' 읽고 실행한다는 의미를 담은 브랜드 이름처럼, 이 책을 읽고 하나씩 따라하다보면 ① 그동안의 경험이 차곡차곡 쌓인 데이터베이스가, ② 이를 바탕으로 나를 설명할 수 있는 키워드가, ③ 최종적으로는 누군가에게 보여줄 수 있는 포트폴리오가 완성됩니다. '노션'이라는 툴에 서투른 분도 따라할 수 있도록 자세히 설명했고, 중간중간 템플릿을 공유하여 더 쉽게 접근할 수 있도록 만들었어요. 무엇보다 노션의 데이터베이스 기능을 활용하므로 새로운 경험이 생길 때마다 추가하며 지속적으로 관리할 수 있습니다. 한 번 제작해놓으면 이후 포트폴리오 제작에 대한 부담을 덜 수 있으리라 생각합니다.

자, 이제부터 나를 설명하는 키워드를 직접 정하고 이를 누군가 발견할 수 있는 포트폴리오를 함께 만들어봐요. 이미 여러분에게는 그동안 쌓아온 경험이 있습니다. 자, 그러면 지금부터 시작해볼까요?

과정 미리 보기

① 지금까지 내가 해온 경험을 정리할 '경험 데이터베이스' 템플릿을 만들고, 그 안에 내가 해온 경험을 카테고리별로 꺼내 적어봅니다.

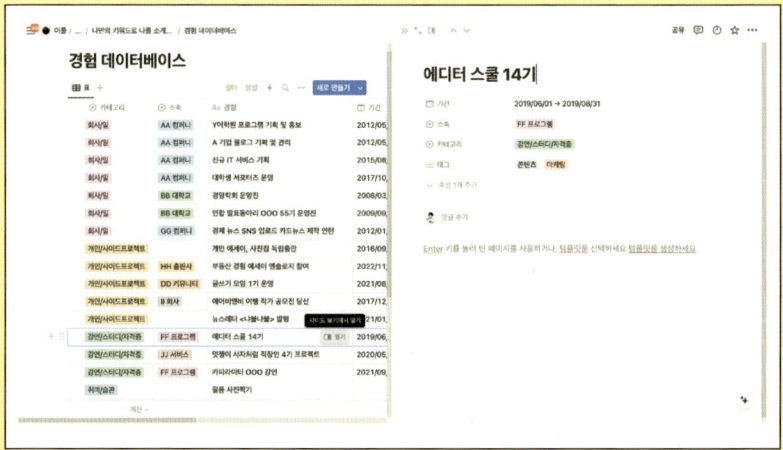

② 꺼내놓은 경험을 태그, 카테고리 등 여러 기준으로 묶어봅니다. 새로운 관점으로 살펴보며 경험 간의 연결 고리를 찾을 수 있습니다.

③ 제시되는 문장의 빈칸을 채워가며 나를 소개할 대표 키워드를 발견합니다. 한 마디, 한 문장으로 나를 소개할 수 있습니다.

1. 시간의 흐름으로 보았을 때, 나의 경험에는 _____가(이) 있었다.
2. 내가 업무적으로 가장 많이/주로 했던 일은 _____이다.
3. 내가 개인적으로 가장 많이/주로 했던 일은 _____이다.
4. 경험 데이터베이스를 정리하면서 기억에 남는 세 가지 경험은 ____, ____, ____ 이다.
5. 해당 경험을 선택한 이유는 _____이기 때문이다.

● 나는 _____ 일을 하고 싶은 사람이다.
● 그 일을 하기 위해 나는 _____한 경험을/강점을 가지고 있다.

④ 경험 데이터베이스와 키워드를 이용해 나를 소개하는 노션 포트폴리오를 완성합니다!

이루리 Luri Lee

LinkedIn | Instagram | theyirul@gmail.com

새로운 것을 시도하고 경험을 통해 배웁니다. 배운 것을 활용하고 성장하면서 일하는 보람과 즐거움을 얻습니다. 지금은 이메일 마케팅 서비스, 스티비에서 마케팅 매니저로 일하고 있습니다.

시작이 쉬운 사람

분야를 넘나드는 호기심으로 관심사가 넓습니다. 시작을 두려워하지 않는 용기로 화학 공학을 전공하였지만 컨설턴트로 커리어를 시작하였고 회사에서도 늘 새로운 프로젝트를 담당했습니다. 독립출판, 유튜브, 뉴스레터 등 개인 프로젝트를 진행한 경험도 있습니다. 빠르게 변화하는 시대에 맞춰 고객의 니즈를 파악하고 원하는 캠페인을 기획하는 데 많은 도움이 되었습니다.

Contents

프롤로그   012

과정 미리 보기   016

N 1   경험 정리를 위한 템플릿 만들기

시작하기 전에   024

노션의 '데이터베이스' 기능 이해하기   028

데이터베이스 기능으로 최적의 포트폴리오 만들기   033

경험 데이터베이스 템플릿 만들기   036

N 2   다섯 가지 카테고리로 경험 정리하기

내 경험을 다섯 가지 카테고리별로 꺼내기   048

각 속성의 옵션 정리하기   049

[첫 번째 카테고리] 회사/일   057

[두 번째 카테고리] 개인/사이드 프로젝트   064

[세 번째 카테고리] 강연/스터디/자격증   068

[네 번째 카테고리] 취미/습관   070

[다섯 번째 카테고리] 기타   071

내 경험 사이의
연결 고리 만들기

태그로 경험 간의 연결 고리 발견하기 · 076

경험이 너무 부족하다면 경험 바구니 만들기 · 086

N 4 나를 소개할
키워드 찾기

경험에서 어떻게 키워드를 발견할 수 있나요? · 094

나를 소개할 대표 키워드 발견하기 · 105

대표 키워드로 나를 소개하기 · 110

N 5 노션 포트폴리오
만들기

우리가 만들 노션 포트폴리오 · 120

일단 자기 소개부터 하기 · 122

주요 경험 보여주기 · 129

주요 경험 설명하기 · 134

웹에 포트폴리오 게시하기 · 138

노션의 한계, 게시할 때 주의하세요! · 140

에필로그 · 144

Keywords

N 1

경험 정리를 위한
템플릿 만들기

NOTION PORTPOLIO

지금부터 할 일

노션에서 표 레이아웃의
데이터베이스를 만듭니다.

● 노션의 '데이터베이스' 기능이 무엇인지 살펴봅니다.

● '데이터베이스' 기능으로 최적의 포트폴리오를 만들어봅니다.

● 우리의 모든 경험을 기록할 '경험' 데이터베이스를 만들어봅니다.

완성하면

경험을 기록해둘
데이터베이스 준비 끝!

시작하기 전에

내가 기억되고 싶은 나의 모습, 키워드

"나를 어떤 키워드로 설명할 수 있을까?" 작은 회사에서 일하며 늘 머릿속에 맴돌던 질문이었습니다. 저는 팀의 목표를 달성하기 위해 컨설팅, 서비스 기획, 데이터 분석, 온라인 마케팅, 오프라인 강의 등 다양한 역할을 수행해왔습니다. 같은 일을 반복하면 쉽게 지루해지는 성향이라 할 일이 자주 바뀌는 것에 스트레스 받지는 않았어요. 하지만 열심히 일하면서도 마음 한편에는 내가 가고 싶은 방향으로 가고 있는지에 대해 고민스러웠고 불안했습니다. 나는 무엇을 하는 사람인지, 다른 사람에게 나를 어떻게 설명해야 할지 고민이 뒤따랐고요.

20년간 에디터로 일해온 최혜진 작가의 책, 『에디토리얼 씽킹』에는 이런 내용이 있습니다.

> "지난 20년간 에디터로 일하며 얻은 가장 소중한 삶의 자산을 딱 하나 꼽으라면 '의미의 최종 편집권이 나에게 있다'는 감각이다."

누군가 저를 삐뚤게 본다면 이렇게 말할 수도 있어요. 한 분야의 일을 오랫동안 하지 않았기에 뚜렷한 전문성이 없는 사람, 여기저기 관심이 많아 집중도가 떨어지는 사람이라고요. 아마 경험을 정리하지 않았다면 저도 그렇게 해석하고 불안해하고 있었을지도 모릅니다. 하지만 저는 제 경험을 스스로 편집하고 소개하기로 결심했어요.

저는 퇴사 후 지금까지 해온 경험을 꺼내 정리하는 시간을 가졌습니다. 경험을 모두 꺼내어 적다보니 시간이 만들어낸 이야기가 보이더라고요. 여러 경험을 시간순으로 나열해보기도 하고 비슷한 카테고리끼리 모으기도 하니 걱정했던 것과는 달리, 나만의 키워드를 찾아낼 수 있었습니다. 내 경험에 대한 '의미의 최종 편집권'이 나에게 있음을 깨닫게 된 것이죠.

그 과정을 통해 '시작'과 '연결'이라는 키워드를 발견했습니다. 한 분야의 일을 오래 하지는 않았지만 그만큼 변화에 유연하고 무엇이든 시작해볼 수 있는 사람, 여기저기 관심이 많아 경험이 풍부하고 그 사이에서 의외의 연결성을 발견하는 사람으로 나를 설명할 수 있었어요.

나를 소개할 키워드를 발견한 후에는 회사가 없어도, 뚜렷한 직무가 없어도 크게 두렵지 않았습니다. 회사는 언제든 바뀔 수 있습니다. 같은 직무라도 상황에 따라 하는 일이 다를 때도 많고요. 그러나 내가 해온 경험과 거기서 배운 교훈은 사라지지 않습니다. 그 경험으로부터 발견한 키워드로 나를 소개할 수 있게 되니까 자신감이 많이 생겼어요.

또 그 과정에서 내가 무엇을 좋아하고, 어떤 방향으로 나아가고 싶은지 알게 되었으므로 여러 제안 중에 내가 살아가고 싶은 방향에 가까운 쪽을 선택할 수 있게 되었습니다. 퇴사 후 키워드를 정하고 포트폴리오를 만들었던 것도 앞으로는 '내가 하고 싶은 일'을 하고 싶었기 때문이었거든요. 내가 어떤 사람인지, 어떤 일을 하고 싶은 사람인지를 알려줘야 다른 사람들도 내게 기회를 줄 수 있을 테니까요.

경험 정리 최적의 툴, 노션

이와 같이 경험을 정리하고, 내 키워드를 찾는 데는 '노션'이라는 툴의 도움이 컸어요. 경험 정리 도구로서 노션은 두 가지 매력을 가지고 있습니다. 첫째, 데이터베이스를 잘 구축하면 언제든지 쉽게 경험을 추가하고 관리할 수 있습니다. 둘째, 그 경험을 다양한 방식으로 보여주는 기능이 있어 포트폴리오를 따로 만들지 않아도 됩니다. 아마 저도 노션이 없었다면 '키워드 정해야 하는데', '포트폴리오 만들어야 하는데'와 같은 생각만 하고 실행하진 않았을 거예요.

노션은 무료로 이용할 수 있고, 노코드 툴로서 프로그래밍 지식 없이도 웹사이트를 만들 수 있으며 실시간으로 업데이트 가능하다는 장점을 가지고 있어요. 현재로서는 개인이 포트폴리오를 만들기에 가장 최적화된 툴이라고 생각합니다. 실제로 많은 사람이 포트폴리오를 만드는 데 노션을 활용하고 있고요.

내가 해왔던 경험을 정리하면 나를 더욱 잘 이해할 수 있다는 것, 키워드가 있으면 다른 사람들에게 나를 더 잘 설명할 수 있다는 것을 모르는 사람은 없을 거라고 생각해요. 하지만 어디서부터 어떻게 시작해야 할지 많이 막막했을 거예요.

이 책을 통해 노션으로 나의 경험을 정리하며 나의 키워드를 발견해봅시다. 그리고 나를 소개하는 노션 포트폴리오까지 완성해보아요. 그동안 우리가 해왔던 일들을 정리하다보면 새로운 나의 모습을 발견하고, 더 나아가 삶의 방향 또한 달라질 수 있습니다. 내가 원하는 쪽으로요.

혹시 살아가면서 키워드가 바뀌면 어떻게 하죠?

한때는 글을 쓰고 외부에 공개하는 것이 리스크가 큰 행동이라고 느꼈습니다. 내 생각을 정리해서 외부에 보여주었으니 앞으로 글에 쓴 대로 행동해야 할 것 같았거든요. 만약 내 생각과 행동이 변한다면 누군가 따질 것만 같았습니다. 하지만 요즘에는 그렇게 생각하지 않아요. 오히려 생각이 고여 있지 않음을 보여주는 증거라고 생각하게 됐습니다.

나를 소개하는 키워드를 발견한 후 이런 고민을 하는 경우가 있습니다. '만약 나중에 이 키워드로 나를 설명하고 싶지 않으면 어떻게 하지?', '사람들이 이 키워드로만 나를 기억하면 어떻게 하지?' 누군가는 무슨 그런 고민을 하냐고 웃을지 몰라도 저도 비슷한 고민을 했기에 충분히 공감합니다.

'시작'과 '연결'이라는 키워드를 발견했다고 말씀드렸는데요. 저는 이 키워드를 통해 '어떤 일을 하는 사람인지'보다 '어떤 태도를 가지고 있는 사람인지' 설명하고 싶었습니다. 작은 회사에서 커리어를 시작한 덕에 0에서부터 시작하기가 어렵지 않고, 또 경험을 통해 배운 것을 여기저기 연결해 활용할 수 있다는 사실을 보여주고 싶었어요. 그래서 두 키워드를 큰 축으로 잡고 스스로를 소개했어요. 즉, '시작이 쉬운 사람', 그리고 '경험을 연결하는 사람'이라고요.

스스로를 정의하고 나니 선택이 쉬워졌습니다. 서로 조금씩 다르더라도 같은 방향을 향하는 선택을 할 수 있게 되었죠. '나는 시작이 쉬우니까, 그리고 여러 경험으로 배울 수 있다는 걸 아는 사람이니까'라는 생각으로 다양한 일을 시도할 수 있었습니다.

이후 글쓰기 모임을 리드하고 회사에서도 크리에이터를 돕는 일을 맡게 되면서 저에 대해 새롭게 정의해보았습니다. '사람들이 자신의 이야기를 할 수 있게 도와주고 싶어하는 사람'이라고요. 시간이 좀 더 흐른 요즘은 '물꼬를 트는 사람'이라고 정의할 수 있지 않을까 생각해봅니다. 누군가의 시작을 도와주는 일을 좋아하고 또 잘하고 싶기 때문이에요.

브랜드 마케터이자 작가이며 '숭'이라는 닉네임으로 잘 알려진 이승희는 매년 한 권의 책을 내는 것이 목표여서 2020년부터 지금까지 꾸준히 책을 발행하고 있지요. 첫 책은 '기록'을 주제로 했고 그 다음은 '영감', 그 다음은 '일', 그리고 가장 최근에 발행한 책의 주제는 '질문'입니다. 스스로 '기록자'라고 말하는 그는, 요즘 '질문 있는 사람'으로 스스로를 소개합니다. 매번 스스로의 키워드를 새롭게 정하고 그 방향을 향해 걷는 그에게 어느 누구도 "그래서 당신의 키워드가 무엇인가요?"라고 묻지 않아요. 그는 여러 키워드를 쥐고 발전해나가고 있을 뿐이니까요.

나에 대한 정의, 그리고 내가 가져가고 싶은 키워드는 얼마든지 바꿀 수 있습니다. 일단 부담 없이 지금의 나를 정의해보세요. 그래야만 점점 더 내가 원하는 나를 향해 나아갈 수 있습니다.

노션의 '데이터베이스' 기능 이해하기

많은 사람이 이력서나 포트폴리오를 작성하기 위해 그동안의 경험을 기록합니다. 기록에 사용하는 도구는 매우 다양해요. 누군가는 노트에 기록하고(잃어버릴 수 있다는 위험이 있습니다) 누군가는 컴퓨터에 파일을 하나 만들어 사용하고(실수로 파일을 지워버릴 수 있습니다) 또 누군가는 웹에 저장하는 클라우드 기반의 서비스를 이용하기도 합니다. 이 중에서 동기화할 수 있는 Google 문서, 에버노트(Evernote) 등이 클라우드 기반의 노트 및 생산성 도구라고 볼 수 있죠. 저는 기록하고 정리하는 것을 좋아하지만 또 쉽게 질리기도 해서 앞에서 언급한 방법을 모두 이용해보았어요. 하지만 100% 만족하지 못해서 매번 새로운 도구를 찾아 헤매는 유목민 생활을 이어갔습니다. 그러다가 노션을 만나게 되었고요.

처음에는 노션도 다른 기록 도구들과 비슷하다고 생각했어요. 이미 여러 도구를 사용해보았으므로 노션을 살펴보는 시각이 조금 회의적이기도 했습니다. 어떤 도구를 사용하는지보다 꾸준히 기록하고 저장하는 습관이 더 중요하다고 생각했거든요. 이모지를 활용할 수 있다는 점이 귀엽게 느껴지기는 했지만 그 외에는 다른 도구들과 다를 게 없다고 생각했죠. 하지만 노션의 데이터베이스를 사용한 후 생각이 완전히 달라졌습니다.

노션에는 정보를 다양한 방법으로 구조화할 수 있는 '데이터베이스(database)' 기능이 있어요. TIP 다른 소프트웨어에도 스프레드시트나 데이터베이스가 있지만, 노션의 데이터베이스는 입력한 각각의 항목을 개별 페이지로 활용할 수 있다는 점에서 특별했습니다. 게다가 원하는 속성을 추가한 후 태그를 달아 분류할 수도 있고 하나의 데이터베이스를 다양한 레이아웃으로 보여줄 수도 있고요.

TIP 노션 데이터베이스는 기본적으로 표 레이아웃이지만, 같은 데이터를 가지고 총 일곱 가지 레이아웃으로 시각화할 수 있습니다. 처음 데이터베이스를 만들 때 선택할 수도 있고 나중에 데이터베이스를 기록한 후 레이아웃만 변경할 수도 있어요.

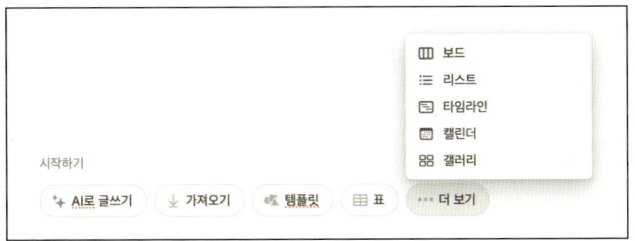

다양한 레이아웃으로 볼 수 있는 노션 데이터베이스

노션 데이터베이스 기능을 처음 사용해본 것은 Google 드라이브에서 관리하던 여행 기록을 노션으로 옮기기 위해서였습니다. 당시 제가 다니던 회사에서는 매년 해외로 워크숍을 갔는데요. 그때마다 여행 계획을 세우는 역할을 제가 맡았거든요. Google 드라이브에 폴더를 만들어 스케줄 표와 지도 등을 공유하다보니 해가 지날수록 폴더의 수가 늘어났어요. 2013년부터 추가하기 시작한 여행 폴더는 5년 정도 지나니 유용한 데이터가 되었죠. 폴더 이름만 봐도 내가 언제, 어떤 여행을 다녀왔는지 알 수 있었어요. 추억을 오랫동안 기억할 수 있기에 마음이 든든했습니다. 다만 기록을 한눈에 보기 어렵고 일일이 폴더를 열어보아야 하는 점이 아쉬웠답니다.

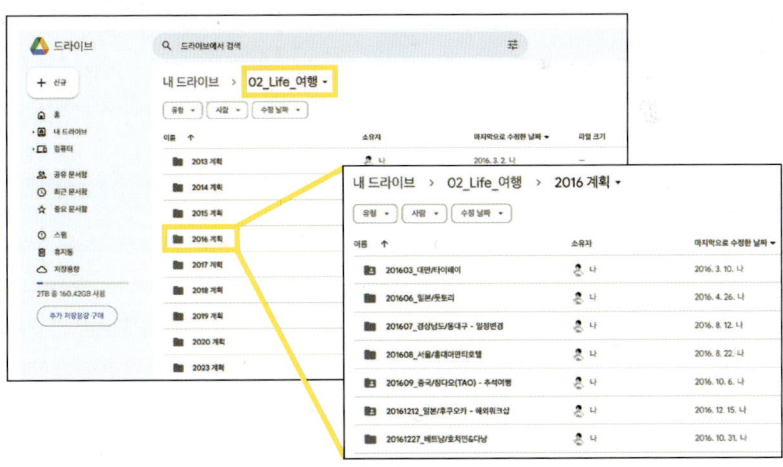

Google 드라이브에 저장해서 관리하던 여행 계획 자료

경험 정리를 위한 템플릿 만들기

때마침 노션을 사용해볼 겸 노션 데이터베이스를 만들어 여행 기록을 옮기기로 결심했어요. 폴더 이름에 적혀 있던 '기간', '장소', '함께 간 사람들'을 데이터베이스에 속성 TIP으로 만들어 하나씩 채웠습니다. 이렇게 노션 데이터베이스를 채워넣으면 각 항목을 개별 페이지로도 활용할 수 있으므로 각 페이지에는 기존에 만들었던 여행 자료나 Google 스프레드시트 링크도 하나씩 추가했습니다.

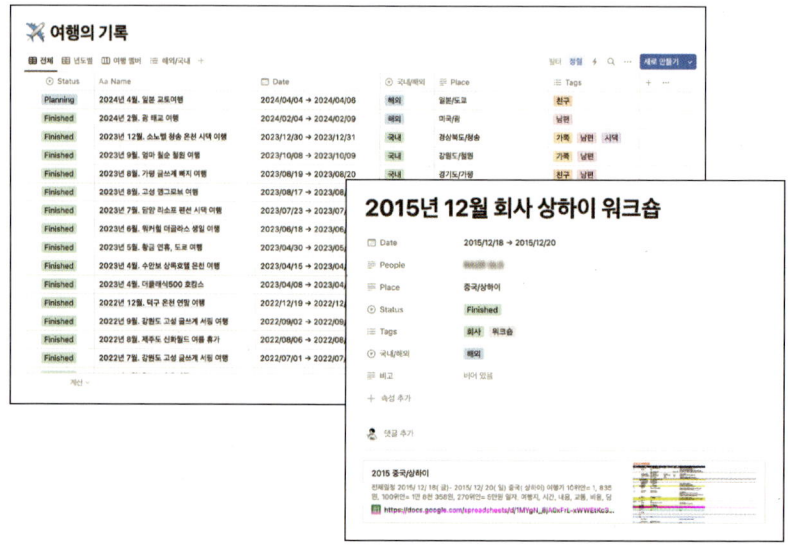

노션 데이터베이스에 정리한 여행 기록(왼쪽)과 데이터베이스 안에 있는 개별 페이지(오른쪽)

오랫동안 쌓여 있던 여행 기록을 노션에 옮기니 트리형 구조로 되어 있던 폴더 이름이 한눈에 보여서 모든 정보를 쉽게 파악할 수 있었습니다. 저는 이것만으로도 정말 만족스러웠어요. 게다가 레이아웃을 변경하거나 필터 기능을 활용해보니 노션 데이터베이스의 진면목을 발견할 수 있었어요. 레이아웃을 보드 레이아웃으로 바꾸어 여행을 함께 간 사람들을 그룹화해 보거나, 필터 기능을 활용해 국내 여행만 추려볼 수도 있고요. 계획했다가 취소된 여행도 다시 볼 수 있더라고요. 무엇보다 레이아웃, 필터, 정렬 기능을 설정한 보기 화면을 저장해두고 언제든지 다시 확인할 수 있었죠.

TIP 노션의 '속성'이란 데이터베이스에 입력할 수 있는 값의 형태를 말합니다. 표 레이아웃의 데이터베이스에서는 첫 번째 행이 속성을 의미합니다.

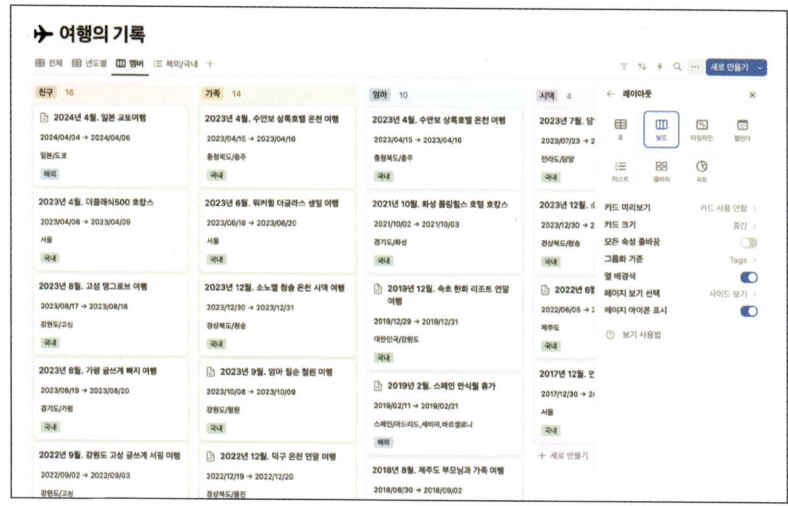

'보드' 레이아웃으로 변경해 확인한 여행 기록

노션 데이터베이스는 기록으로만 남을 뻔했던 '여행'을 여러 방식으로 다시 살펴볼 수 있게 도와주었습니다. 제가 누구와 얼마나 여행을 했는지, 어느 시기에 여행을 자주 갔는지 등 연도별로 폴더를 만들었을 때는 보이지 않던 사실을 발견할 수 있었어요. 이렇게 노션으로 여행 경험을 정리하면서 다음 두 가지 사실을 깨달았습니다.

첫째, 기록이 있어야 인사이트를 발견할 수 있다.
둘째, 같은 기록이라도 정리하는 방식에 따라 얻을 수 있는 것이 다르다.

사실 그동안의 커리어 경험을 정리하는 것도 여행 경험을 정리하는 것과 비슷합니다. 내가 쌓아온 것들을 여러 방식으로 살펴보면서 내 경험이 갖는 의미를 발견하는 일이니까요.

앞에서 노션을 찬양(?)했지만, 경험을 꺼내 기록할 때 도구는 중요하지 않습니다. A4 용지에 경험을 쭉 적어볼 수도 있고, 포스트잇을 이용할 수도 있고요. 하지만 제가 노션을 선택하고 추천하는 이유는 노션으로 한 번 체계를 잡고 정리해두면 계속해서 경험을 기록하고 관리하는 도구로 활용할 수 있기 때문입니다. 특히 노션의 '데이터베이스' 기능을 잘 사용한다면 이 좋은 저장소를 대외적으로 보여줄 수 있는 포트폴리오로도 활용할 수 있답니다.

요즘은 노션 AI, 캘린더 등 더욱 고도화된 기능을 사용할 수 있지만, 경험을 정리하고 포트폴리오를 만드는 데 복잡한 기능을 사용할 필요는 없습니다. 무료 요금제에서 제공하는 기본 기능만으로도 누구나 원하는 결과물을 만들 수 있어요.

데이터베이스 기능으로
최적의 포트폴리오 만들기

'포트폴리오'라고 하면 주로 디자이너나 사진 작가 등 예술 계열 종사자가 취업을 위해 작업물이나 프로젝트를 정리한 결과물이 먼저 떠오를 것입니다. 저는 공대생이었지만 대학교 4학년 때 우연히 포트폴리오를 만들 기회가 있었는데, 그때 포트폴리오를 저만의 의미로 정의해봤어요.

'과거 나의 부족했던 부분을 확인하고 현재를 점검하여 이를 통해 올바른 미래를 설계한다.'

누군가에게 잘 보이기 위해, 선택되기 위해 포트폴리오를 만들기보다 '나 자신에게 잘 보이는' 포트폴리오를 만들고 싶었어요. 내 과거를 명료하게 보여주어 현재를 점검하고 또 앞으로 나아갈 길을 설계하도록 도와주는 포트폴리오를 만드는 게 목표였습니다.

8년 동안 다녔던 회사를 퇴사한 후 새로운 출발을 위해 노션으로 포트폴리오를 만들 때의 마음도 같았습니다. 그래서 다른 사람에게 보여줄 주요 경험만 정리하기보단 그동안 내가 했던 일을 전부 적어보았어요. 어떤 경험은 더 하고 싶은 이야기가 있었고 어떤 경험은 한 줄로도 충분하더라고요. 기억하지 못하는 경험도 있었지만, 그만한 이유가 있을 것이라 생각하고 굳이 떠올리려 애쓰지 않았어요.

그렇다고 모든 사람이 보는 포트폴리오에 우리의 경험을 전부 담을 수는 없겠죠? 그래서 웹사이트에 게시한 저의 노션 포트폴리오에는 자기 소개와 함께 주요 경험을 여섯 개만 정리했습니다. 여기에는 비밀이 하나 있어요. 다음의 두 이미지, 포트폴리오에 프로젝트로 정리해서 보여준 '갤러리'와 모든 경험을 기록해둔 경험 데이터베이스 '표'가 같은 '데이터베이스'를 공유하고 있다는 점이에요. 레이아웃만 다른 거죠.

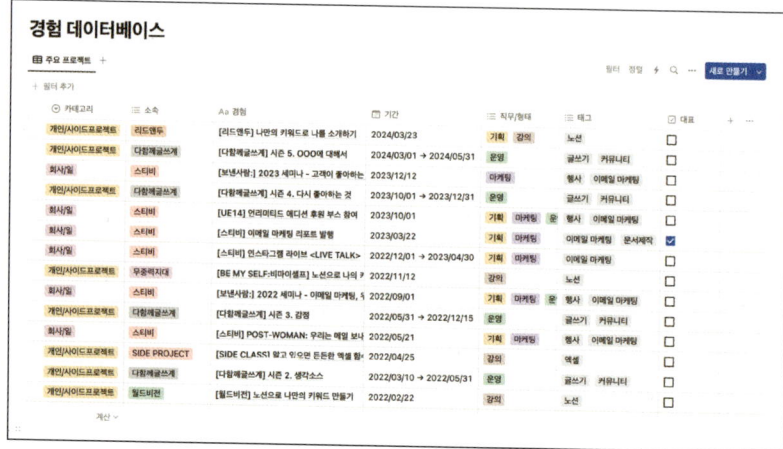

표 레이아웃으로 기록한 경험 데이터베이스

경험 데이터베이스를 갤러리 레이아웃으로 보여준 노션 포트폴리오

같은 데이터베이스를 공유하는 방법은 간단해요. 표 레이아웃의 데이터베이스에서 필터 속성을 활용해 내가 보여주고 싶은 것만 체크하고, 체크한 경험만 보이도록 설정하면 되거든요. 이처럼 노션 데이터베이스를 활용하면 나의 경험을 자유롭게 기록하면서도 다른 사람들에게는 주요 경험만 보여줄 수 있어요.

경험 데이터베이스에서 '대표' 항목 체크 표시해 노션 포트폴리오에서 보여주기

지금 내용이 이해되지 않더라도 걱정하지 마세요. 노션 사용법이나 필터를 적용하는 방법, 만들어둔 데이터베이스를 다른 페이지에서도 보이게 하는 방법은 차근차근 알려드릴게요. 노션의 기능을 하나씩 따라하며 마음에 드는 포트폴리오를 완성할 수 있을 거예요.

경험 데이터베이스 템플릿 만들기

노션이 처음인 분을 위해 회원 가입부터 경험 데이터베이스를 만드는 것까지 영상을 만들어두었으니 어렵게 느껴진다면 영상을 보며 따라해보세요. 이미 노션을 다룰 줄 안다면 42쪽의 '경험 데이터베이스' 이미지를 보고 표와 속성을 만들어주세요.

노션 첫걸음
가이드 영상

페이지 만들기

① 노션의 '페이지'는 원하는 콘텐츠를 자유롭게 추가할 수 있는 빈 캔버스에 해당합니다. 먼저 왼쪽 위의 [새 페이지 만들기](☑)를 클릭하세요.

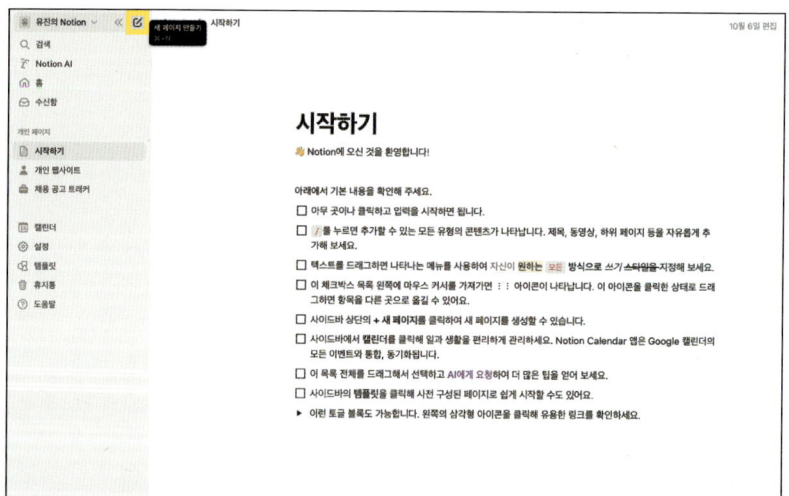

② 새 페이지를 만들어봅시다. 페이지 제목에 '경험 데이터베이스'를 써주세요.

표 만들기

① 페이지 하단의 ⋯를 클릭해 [표]를 선택합니다.

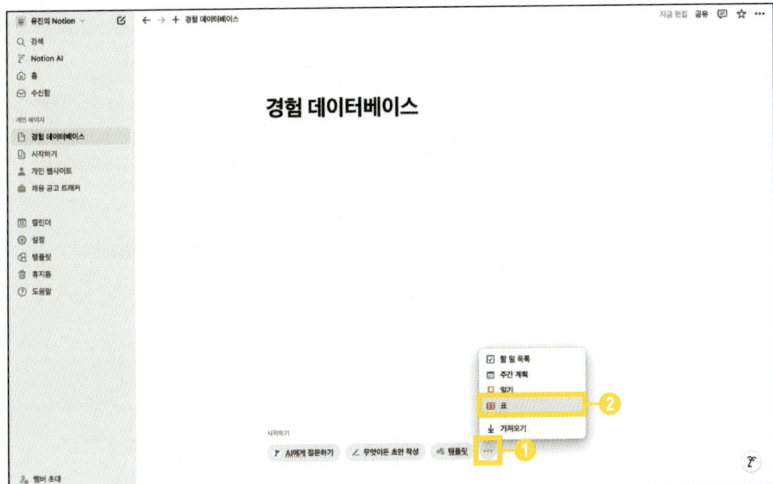

경험 정리를 위한 템플릿 만들기

② 표를 만들었으면 표 레이아웃의 '데이터베이스'를 생성하기 위해 [+새 데이터베이스 생성]을 클릭하세요.

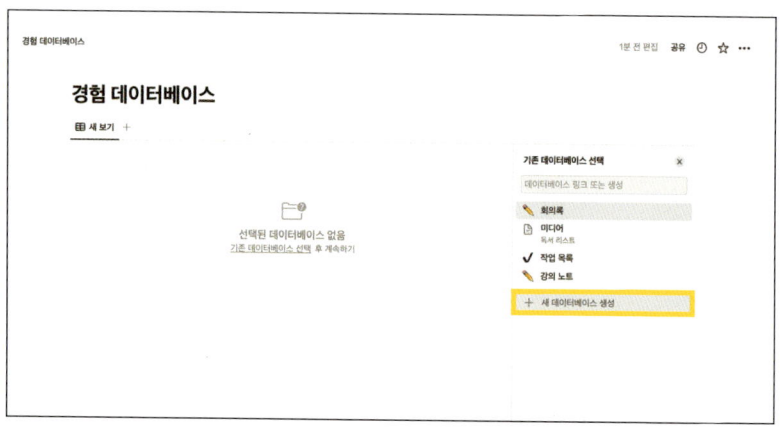

'속성' 기능으로 항목 만들기

① 데이터베이스에는 '속성'이라는 게 있어요. 처음 새로운 데이터베이스를 생성하면 '이름', '태그' 등의 항목이 보이는데, 이것을 '속성'이라고 부릅니다. 데이터베이스에는 새로운 속성을 추가할 수도 있고, 기존 속성의 제목이나 유형을 수정하거나 삭제할 수도 있습니다. 단, 처음 만들 때 '이름'이라고 적혀 있는 항목은 삭제할 수 없고 이름만 수정할 수 있어요. 이번에는 이미 만들어진 표를 수정해볼게요.

② '카테고리', '소속', '경험', '기간', '태그', '대표' 항목으로 구성된 데이터베이스를 만들 거예요. 이미 생성되어 있는 '이름'과 '태그' 속성을 변경 및 삭제해볼게요. 우선 '이름' 속성의 이름을 '경험'으로 변경해요. 'Aa' 속성을 클릭하고 '경험'이라고 입력하세요.

③ '태그' 속성은 삭제해볼까요? '태그' 속성을 클릭하고 [속성 삭제]를 선택합니다.

경험 정리를 위한 템플릿 만들기

④ 이제 '카테고리', '소속', '기간', '태그', '대표' 속성을 추가하기 위해 데이터베이스의 오른쪽 위에 있는 ⋯ 을 클릭합니다. [속성]을 선택하고 [+ 새 속성]을 클릭하세요.

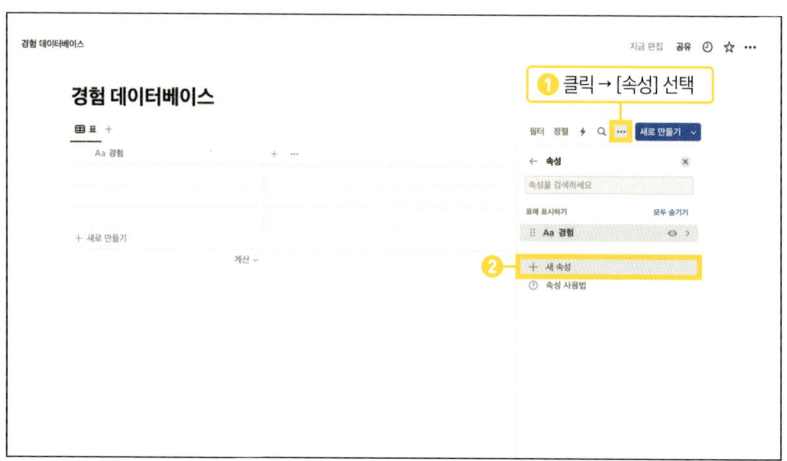

⑤ 속성 유형과 이름을 설정하면 속성 추가가 완료됩니다. **TIP**

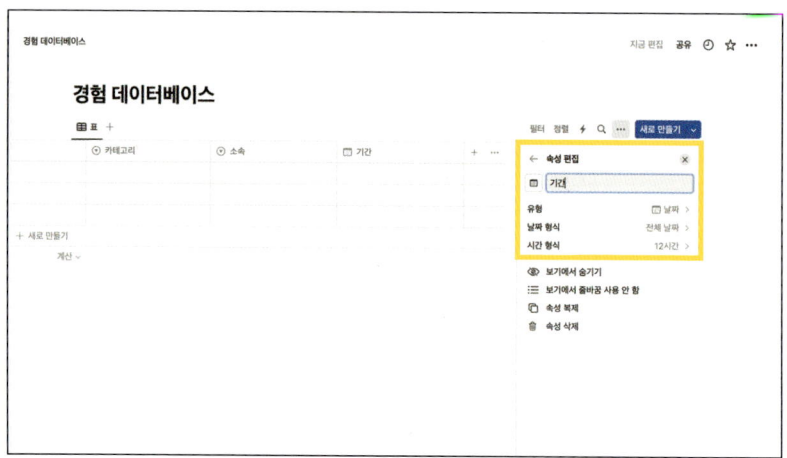

TIP 데이터베이스의 오른쪽 + 를 클릭해서 속성을 추가할 수도 있습니다.

⑥ 경험 데이터베이스의 속성 유형은 다음과 같은 의미입니다. 이미지를 보고 각 속성의 유형을 지정합니다.

- **텍스트**: 텍스트를 입력할 수 있습니다.
- **숫자**: 일반 숫자를 입력하거나, 통화나 퍼센트 기호 등 표시되는 형식을 지정할 수 있습니다.
- **날짜**: 날짜 또는 기간을 입력할 수 있습니다.
- **선택**: 미리 정해둔 옵션 중 하나만 선택할 수 있습니다.
- **다중 선택**: 정해둔 옵션 중 여러 개를 선택할 수 있습니다.
- **체크 박스**: 체크 표시 여부를 정할 수 있습니다.

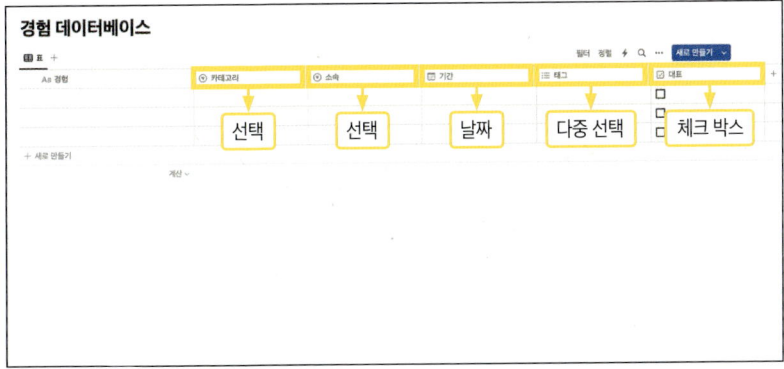

경험 정리를 위한 템플릿 만들기

⑦ 데이터베이스의 오른쪽 위에 있는 ⋯ 을 클릭하고 [속성]을 선택하면 이제까지 만든 속성들을 모두 확인할 수 있습니다. 지금은 '경험' 속성이 맨 앞에 있는데, 각 속성을 드래그하여 '카테고리', '소속', '경험', '기간', '태그', '대표' 속성 순서로 변경해보세요.

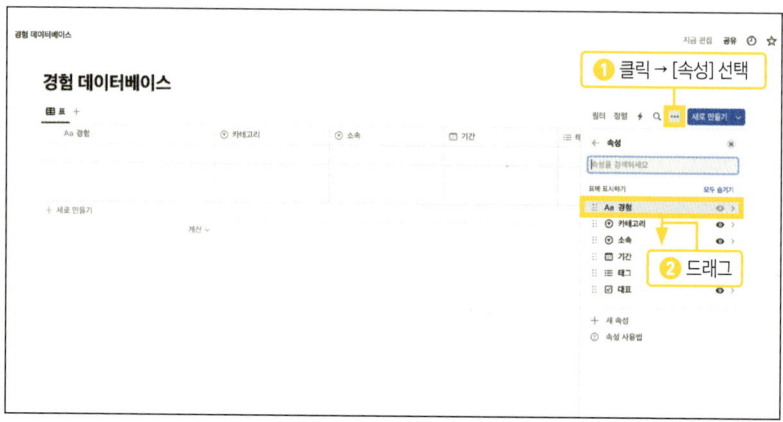

⑧ 완성! 이제 경험을 정리할 수 있는 표 레이아웃의 데이터베이스를 생성했습니다. 각 항목에 무엇을 적어야 할지 잘 모르겠다고요? 괜찮습니다. 지금부터 하나씩 따라 적어볼 테니까요.

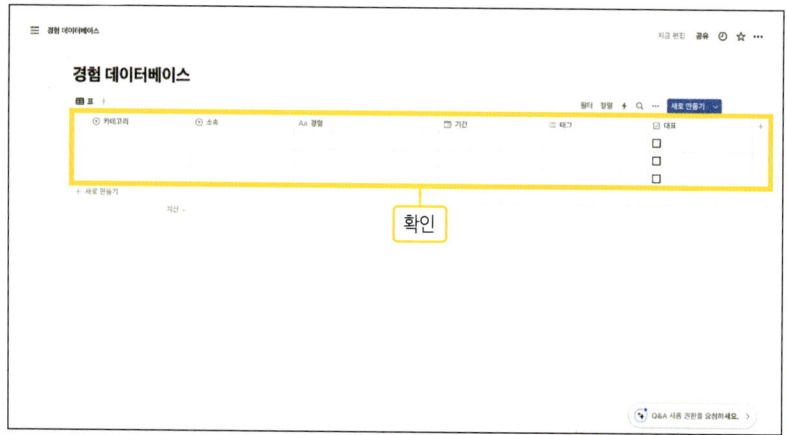

⑨ 노션 데이터베이스를 만드는 방법이 너무 어렵다면 다음 QR 코드를 통해 미리 만들어둔 데이터베이스를 복제해서 사용해보세요.

⑩ 노션 페이지의 오른쪽 위에 있는 '복제' 아이콘(🗐)을 클릭하면 로그인된 노션 워크스페이스로 복제할 수 있습니다.

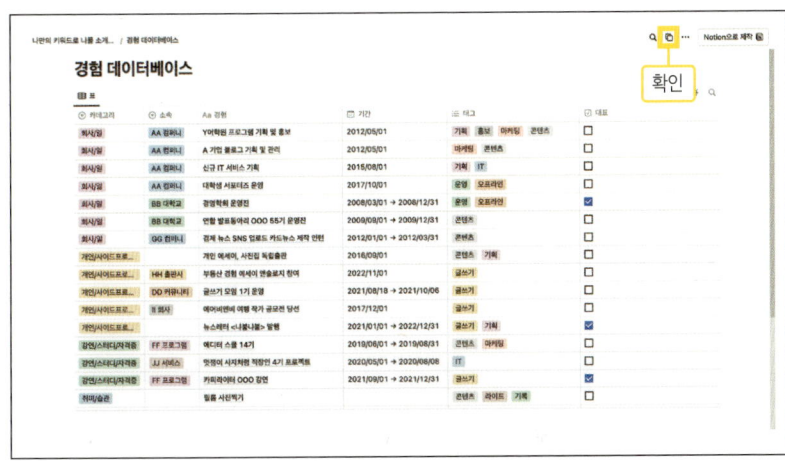

Keywords

다섯 가지 카테고리로
경험 정리하기

NOTION PORTPOLIO

지금부터 할 일

노션 데이터베이스에
내 경험을 다섯 가지 카테고리로 분류해 적습니다.

- 내 경험을 다섯 가지 카테고리별로 꺼내봅니다.

- 각 속성별의 옵션을 정리해봅니다.

- 내 경험을 '회사/일', '개인/사이드 프로젝트', '강연/스터디/자격증', '취미/습관', '기타' 카테고리로 정리해봅니다.

완성하면

내 경험을 차곡차곡 쌓아
경험 데이터베이스를 완성할 수 있어요.

내 경험을 다섯 가지 카테고리별로 꺼내기

포트폴리오의 주제는 '나'입니다. 누군가에게 나를 소개하기 위한 목적으로 포트폴리오를 만드니까요. 그렇다면 나를 소개하기 위해서 무엇이 필요할까요? '나'를 알 수 있는 재료, 바로 경험의 기록이 필요합니다.

포트폴리오를 만드는 목적이 주로 취업이나 이직이어서인지, 포트폴리오에 적는 경험을 '회사'와 관련된 것으로 한정지어 생각하는 사람들이 많아요. 하지만 회사에서 했던 경험만으로 나를 설명해야 할까요? 아니요! 나를 설명하기 위한 이야기의 재료를 '회사'라는 틀에 가두지 마세요. 개인 사이드 프로젝트로 진행했던 일이, 무언가 배우려고 참석했던 스터디가, 그저 즐거워서 참여했던 모임이 모여 나를 만들죠. 그러니 일단 회사에서의 경험과 개인적인 경험을 구분하지 말고 모두 꺼내 적은 후 더 자유롭게 생각해보세요.

준비되었다면 지금부터 내가 가지고 있는 경험을 모두 꺼내 적어볼게요. 앞에서 만든 경험 데이터베이스에 내용을 채워넣을 거예요. 나를 설명하기 위한 경험은 모두 괜찮다고 했지만, 막상 무엇을 적어야 할지 막막하죠? 그래서 경험을 조금 더 쉽게 꺼낼 수 있도록 카테고리를 나눠보겠습니다. 총 다섯 가지 카테고리별로 떠오르는 경험을 하나씩 채우다보면 어느새 경험 데이터베이스를 꽉 채울 수 있을 거예요.

카테고리 분류		
회사/일	개인/사이드 프로젝트	강연/스터디/자격증
취미/습관	기타	

각 속성의 옵션 정리하기

이렇게 분류한 다섯 가지 카테고리를 경험 데이터베이스 '카테고리' 속성에 옵션으로 추가해볼게요. 옵션은 속성에서의 선택 목록이라고 생각하면 됩니다. 노션에서는 '옵션'이라고 표현하고 있으므로 똑같이 사용할게요.

옵션을 만드는 방법은 아주 간단합니다. '카테고리' 속성에서 빈칸을 클릭하세요. '옵션 선택 또는 생성'이라는 메뉴가 표시되면 원하는 카테고리 이름을 적고 생성된 옵션을 클릭하거나 Enter를 누릅니다.

표를 채우는 자연스러운 과정이므로 한 번만 해보면 어떻게 하는 건지 바로 알 수 있을 거예요. 옵션은 원하는 만큼 생성할 수 있지만, 우리는 다섯 가지 카테고리를 옵션으로 설정하기로 했으니 딱 다섯 개만 추가해볼까요? '회사/일', '개인/사이드', '강연/스터디/자격증', '취미/습관', '기타' 카테고리를 생성합니다. TIP

TIP 만약 43쪽에서 제공한 '경험 데이터베이스' 템플릿을 사용하고 있다면 제가 미리 다섯 가지 카테고리를 옵션으로 추가해두었으니 이 과정은 생략해도 됩니다.

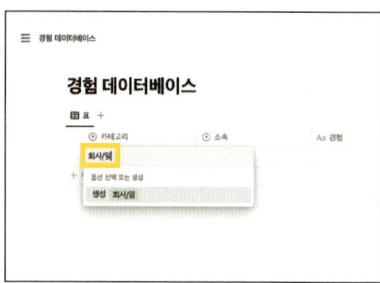
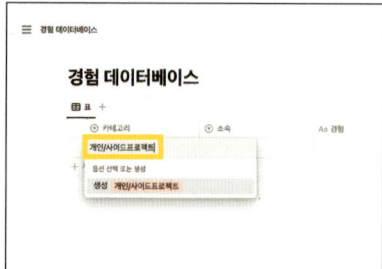

만약 옵션 이름을 잘못 입력했거나 옵션을 삭제하고 싶다면 만들어진 옵션의 오른쪽에 있는 ...을 클릭합니다. 옵션 색상도 처음에는 랜덤으로 지정되지만, ...을 클릭해 원하는 색상으로 변경할 수 있어요.

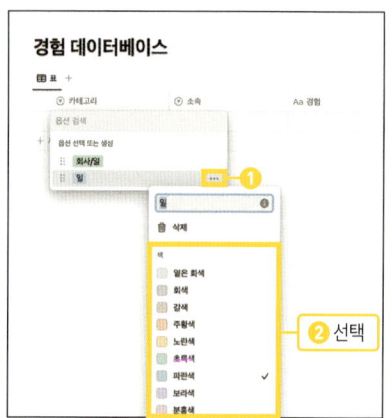
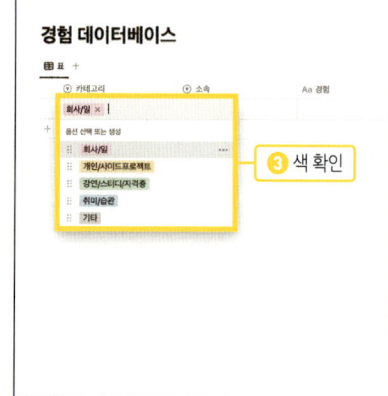

이어서 경험 데이터베이스를 만들면서 추가한 '소속', '경험', '기간', '태그', '대표' 속성도 하나씩 살펴볼까요? 각각의 속성에는 무엇을 적어야 하는지, 어떤 옵션을 추가해야 하는지 알아보겠습니다.

'소속' 속성 알아보기

'소속' 속성은 학교 또는 회사, 참여했던 프로그램, 스터디 그룹 등을 표시할 때 사용합니다. 예를 들어 내가 2023년 2월에 'A 회사'에서 '블로그 SEO 개선 프로젝트'에 참여했다면 소속은 'A 회사'라고 적습니다. 소속도 카테고리와 동일하게 '선택' 속성

으로 생성했습니다. **TIP**

옵션을 만들 때는 앞에서와 마찬가지로 빈칸에 소속 이름을 적고 활성화된 영역을 클릭하거나 Enter를 누르면 됩니다. 소속은 사람마다 다르므로 예시로 적어두었는데, 각 옵션의 오른쪽에 있는 ⋯을 클릭해 이름이나 색상을 나에게 맞게 변경해주세요.

'경험' 속성 알아보기

'경험' 속성은 원래 '이름'이라고 적혀 있는 칸이었죠? 이처럼 'Aa' 아이콘을 가지고 있는 속성은 '제목' 유형이라고 합니다. 노션 데이터베이스를 만들면 기본으로 포함되어 있으며 추가·삭제하거나 숨길 수 없는 속성입니다.

TIP 41쪽에서 '선택' 유형은 만들어둔 옵션 중 하나만 선택할 수 있는 속성이라고 설명했어요. 만약 하나의 경험에서 복수로 소속을 선택하고 싶다면 속성 유형을 '다중 선택'으로 설정하세요.

30쪽에서 노션 데이터베이스는 각자 개별 페이지로도 활용할 수 있다고 말했던 것을 기억하나요? 노션에서 만드는 페이지는 제목을 필수적으로 가지고 있어야 합니다. 따라서 표에서도 '제목' 속성은 지우거나 숨길 수도 없는 기본 속성으로 존재합니다.

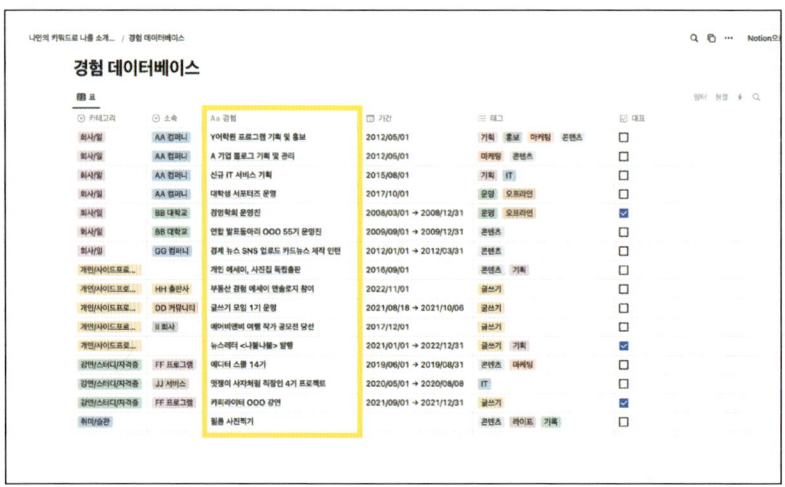

'제목' 속성에 채워진 데이터는 개별 페이지의 제목이기도 합니다.

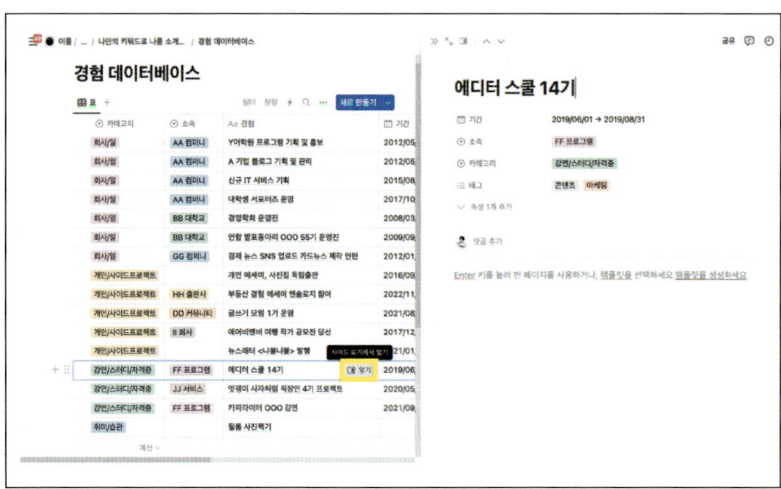

제목에 마우스 포인터를 올려놓고 [열기] 버튼을 클릭하면 페이지를 열고 편집할 수 있어요.

'제목' 속성은 지울 수도, 숨길 수도 없는 항목이기에 '경험'이라는 이름으로 속성을 변경하고 그동안 우리가 했던 경험을 여기 적어보려고 해요. 2023년 2월에 'A 회사'에서 '블로그 SEO 개선 프로젝트'에 참여했다면 소속은 'A 회사'라고 적었겠죠. 경험에는 '블로그 SEO 개선 프로젝트'처럼 어떤 경험을 했는지 알 수 있도록 입력하세요.

'기간' 속성 알아보기

이제 경험 데이터베이스에 대해 감이 잡히나요? 그렇다면 '기간'에는 무엇을 적어야 할까요? 해당 경험을 했던 기간을 적으면 되겠죠. 그래서 속성 유형을 '날짜'로 설정해두었어요.

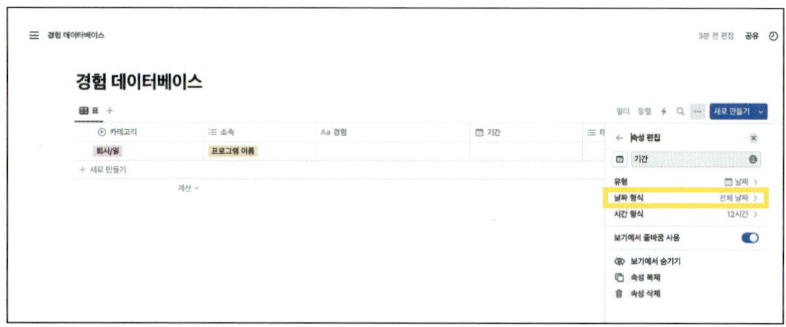

블로그 SEO 개선 프로젝트를 2023년 2월 1일에 진행했다면 해당 경험에 속하는 '기간'의 빈칸을 클릭하고 달력에서 기간을 선택하세요. 만약 종료일이 있다면 종료일도 선택해도 좋습니다. TIP

TIP '기간'의 날짜 형식은 기본적으로 '전체 날짜(YYYY년 MM월 DD일)'이지만, '날짜 형식'에서 '년/월/일' 등으로도 변경할 수 있습니다. 원하는 날짜 형식을 선택하세요.

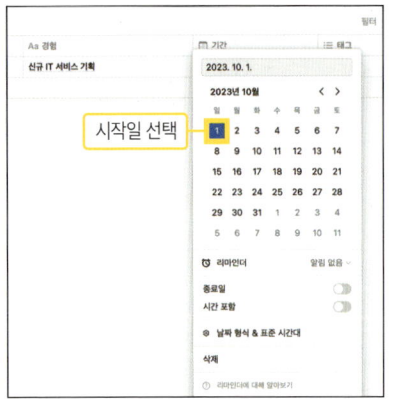 

'태그' 속성 알아보기

'태그' 속성에는 각 경험을 설명하는 키워드를 적겠습니다. 각 경험에 해당하는 키워드가 여러 개일 수 있으므로 '다중 선택' 유형으로 만들었어요. 앞에서 '카테고리', '소속'을 만들 때와 동일하게 각 경험이 가지고 있는 특성을 키워드 형태로 옵션에 추가하세요.

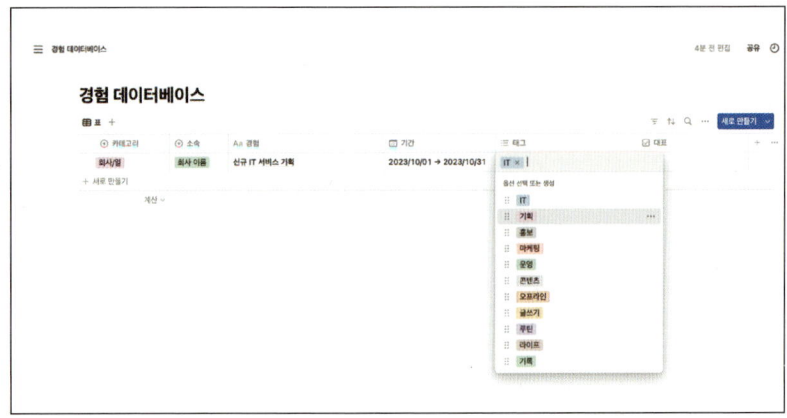

예를 들어 '블로그 SEO 개선 프로젝트'는 콘텐츠 마케팅과 관련된 일이자, 데이터 분석과 관련된 경험입니다. 그렇다면 '콘텐츠 마케팅', '데이터 분석' 등을 태그 속성에 넣을 수 있겠죠? 다른 속성과 달리 '태그'는 나의 주관적인 생각이 많이 개입하는 속성입니다. 그러다보니 '태그' 속성이 어렵게 느껴질 수 있어요. 우선은 가볍

게 적어보세요. 4장에서 경험을 전체적으로 살펴보며 보충할 예정입니다. 각 속성별로 어떤 정보를 넣을지 자세한 설명과 예시를 제공할 테니 지금은 생각나는 키워드를 일단 적어보세요.

'대표' 속성 알아보기
마지막으로 '대표' 속성의 경우 다른 속성과 조금 다른 모양입니다. 바로 '체크 박스' 유형을 선택했기 때문이에요. 경험 데이터베이스를 채우다보면 포트폴리오에서 보여주고 싶은 핵심 경험이 생길 텐데요. 이때 해당 항목을 '체크'할 예정이에요.

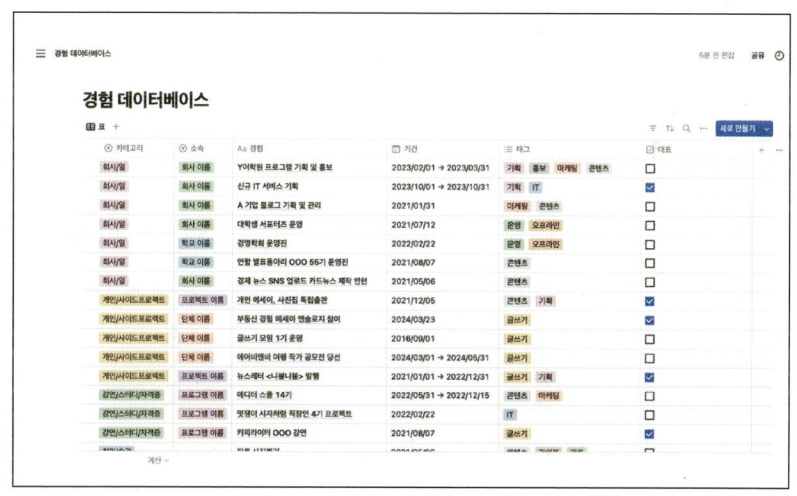

경험 데이터베이스를 모두 채운 후 포트폴리오를 만들 때 체크 여부를 활용해 선택된 항목만 공개되도록 설정할 수 있어요. 무슨 말인지 모르겠다고요? 괜찮아요. 차근차근 따라하다보면 이해할 수 있습니다. 지금은 경험 데이터베이스 속 경험을 채우는 것에 집중해주세요. 그건 스스로 해야 하는 일이거든요.

• • •

자, 기본 세팅을 마쳤습니다. 이제 우리가 분류한 다섯 가지 카테고리별로 경험을 채워볼게요. 취업이나 이직을 준비하고 있다면 작성해둔 이력서의 경험부터 하나씩 적어볼까요? 만약 잘 생각나지 않는다면 자주 사용하는 SNS, 메일함, 일기장이나 사진첩 등을 살펴보세요. 의외로 잊고 있던 경험이 많다는 것을 알게 될 거예요. 물론 어느 카테고리에서나 채우기 어려운 항목들이 있을 수 있는데요. 그럴 때는 비워두어도 좋습니다. 자, 지금부터 '회사/일' 카테고리에 딱 세 개만 적어본다는 마음을 갖고 다음 단계로 넘어갑시다.

[첫 번째 카테고리] 회사/일

직장인의 경우 '가장 최근 경험'이라고 하면 회사에서 했던 일부터 떠오를 거예요. 저도 경험 데이터베이스를 만들 때 회사에서 했던 업무부터 정리했습니다. 지금부터 카테고리에서 '회사/일'을 선택하고 회사에서 하는 일과 했던 일을 적어볼 겁니다. 이렇게 회사 경험부터 기록을 시작하는 건 쉽게 떠올릴 수 있기 때문이지, 경험의 우선순위가 높은 것은 아니에요.

어릴 때 부모님의 직업란에 '회사원'이라고 적는 친구들을 보면서 '회사원은 무슨 일을 하는 걸까? 무슨 일인데 이렇게 많은 사람이 똑같은 일을 하고 있는 걸까?'라고 궁금해했어요. 그런데 우리 이제는 알고 있잖아요. 회사원이라고 모두 같은 일을 하지는 않는다는 것을요. 그저 '일'이라고 뭉뚱그려서 표현하지 말고 최대한 쪼개보세요. 쪼갤수록 적을 수 있는 경험이 늘어납니다.

회사에서 일과 관련해 그동안 내가 해왔던 경험을 세세하게 적습니다. 'SNS 채널 관리'보다는 'SaaS 기업 블로그 고객 인터뷰 시리즈 기획/운영'이나 '뷰티 인스타그램 운영'으로, '퍼포먼스 마케팅'보다는 '○○ 상품 온라인 광고 집행' 등으로 자세히 써보세요.

또 하나, 나의 직무와 직접적인 관련이 없어도 좋습니다. 예를 들어 회사 10주년 행사의 운영진으로 MC를 담당했거나 사내 독서 동아리 모임을 리드한 내용을 적어도 괜찮아요. 제가 장담할게요. 쪼개어 세세하게 적을수록 점점 더 많은 일이 떠오를 거예요.

회사에 소속되어 있다면

저의 경험을 예시로 '회사/일' 카테고리를 채워볼게요. 저는 첫 회사에서 오래 일했고 여러 업무를 병행했어요. 컨설팅이나 온라인 마케팅을 진행하기도 했고, 오프라인 강의에서 강사 역할을 하거나 새로운 IT 서비스 기획을 담당하기도 했습니다.

그래서 같은 회사에서 수행했던 여러 경험을 프로젝트 단위로 나누어 적어보았어요. 'A 회사 8년 근무'라고 한마디로 설명할 수 있는 이력을 쪼개 그동안 어떤 업무를 맡아왔는지 보여주고 싶었거든요.

예시 한 회사에서 여러 가지 업무를 담당한 8년 차 루리 씨의 경험 정리

카테고리	소속	경험	기간	태그
회사/일	A 회사	보험사 IT 관리 체계 개선 컨설팅		
회사/일	A 회사	Y 어학원 프로그램 기획 및 홍보		
회사/일	A 회사	기업 블로그 기획 및 관리		
회사/일	A 회사	회사 서비스 소개서 영상 제작		
회사/일	A 회사	S 기업 OA 강의(엑셀, 파워포인트)		
회사/일	A 회사	신규 IT 서비스 기획		
회사/일	A 회사	IT 서비스 영상 광고 캠페인		

'소속'에 회사 이름을 적고 '경험'을 채워보세요. 저는 한 회사에 속했을 때의 경험만 적었으므로 소속에 모두 'A 회사'라고 적혀 있는데, 여러 회사의 경험을 정리했다면 '소속'에 다른 이름을 적으면 되겠죠?

저는 소속이 한 곳이어서 '기간'과 '태그'를 꼼꼼히 적었어요. 한 회사에서 계속 근무했다고 하면 모두 같은 종류의 경험처럼 느껴질 것 같았거든요. 저도 8년이라는 긴 시간 동안 '어떤 기간에 주로 어떤 업무를 더 많이 해왔는지' 한눈에 파악하고 싶기도 했고요. TIP

TIP 노션에서 기간은 연, 월, 일까지 선택해야 하는데, 정확한 일자가 생각나지 않을 땐 '일'을 1일로 선택했어요. 예를 들어 2012년 3월인 건 생각나는데 3월 며칠부터 시작했는지 기억나지 않으면 경우 3월 1일로 선택하는 거예요. 만약 이 방법이 싫다면 '기간'을 '선택' 속성으로 만들어 '연도'나 '년.월'을 옵션으로 추가하는 것도 방법이랍니다. 노션은 도구입니다. 내가 원하는 대로 사용해도 됩니다.

카테고리	소속	경험	기간	태그
회사/일	A 회사	보험사 IT 관리 체계 개선 컨설팅	2012. 03	
회사/일	A 회사	Y 어학원 프로그램 기획 및 홍보	2012. 05	
회사/일	A 회사	기업 블로그 기획 및 관리	2012. 05	
회사/일	A 회사	회사 서비스 소개서 영상 제작	2013. 01	
회사/일	A 회사	S 기업 OA 강의(엑셀, 파워포인트)	2014. 01	
회사/일	A 회사	신규 IT 서비스 기획	2015. 01	
회사/일	A 회사	IT 서비스 영상 광고 캠페인	2016. 01	

자, 기간까지 적었다면 다음은 '태그'를 정리해볼게요. 지금은 간단히만 적고 76쪽에서 수정해볼 예정이니 편안한 마음으로 채워보세요. 태그에는 해당 경험을 하면서 주력으로 담당했던 일을 직무로 나누어 썼어요. 당시 저는 '기획자', '마케터'처럼 회사에서 부여받은 직무는 없었지만, 각각의 경험과 연관된 직무를 선택할 수는 있었어요.

카테고리	소속	경험	기간	태그
회사/일	A 회사	A 보험사 IT 관리 체계 개선 컨설팅	2012. 03	컨설팅
회사/일	A 회사	Y 어학원 프로그램 기획 및 홍보	2012. 05	마케팅
회사/일	A 회사	기업 블로그 기획 및 관리	2012. 05	마케팅
회사/일	A 회사	회사 서비스 소개서 영상 제작	2013. 01	마케팅
회사/일	A 회사	S 기업 OA 강의(엑셀, 파워포인트)	2014. 01	강의
회사/일	A 회사	온라인 비전 수립 서비스	2014. 08	기획, 마케팅
회사/일	A 회사	기업 채용 지원 서비스	2014. 10	기획, 마케팅
회사/일	A 회사	D 대학 역량 강화 사업	2015. 03	컨설팅
회사/일	A 회사	경험 콘텐츠 공유 플랫폼	2015. 08	기획, 마케팅, 운영
회사/일	A 회사	온라인 콘텐츠 기획	2016. 11	기획, 운영

다섯 가지 카테고리로 경험 정리하기

제가 적은 경험을 바탕으로 하나씩 설명해본다면 첫 회사에서 처음으로 맡았던 경험은 'A 보험사 IT 관리 체계 개선 컨설팅'이었어요. 해당 업무는 '컨설팅'이라고 태그를 붙였습니다. 이어서 진행한 'Y 어학원 프로그램 기획 및 홍보' 관련 프로젝트에 참여했을 때는 해당 프로그램을 기획하고 홍보하는 일을 주로 맡았기에 '태그'에 '기획', '홍보'라고 적었고요. 새로운 IT 서비스를 론칭하고 영상 광고 캠페인을 진행했을 때는 '태그'에 '마케팅'이라고 썼고, 중간중간 회사에서 교육 프로그램을 기획하면서 엑셀이나 PPT 강의를 했던 경험은 '강의'라고 적었고요.

'태그' 항목은 내가 가진 경험의 스토리를 발견하기 위해 키워드를 적는 영역으로 활용할 거예요. 태그를 정리하다보면 중구난방으로 여러 키워드가 등장하기도 하고 동일한 키워드가 쭉 나열되기도 해요. 하지만 부담 갖지 말고 일단 태그를 적어주세요. 이렇게 작성한 태그들은 뒤에서 살펴보고 다시 정리할 테니까요. 우리는 지금 한 번 적으면 지울 수 없는 글이 아니라 언제든지 수정할 수 있는 정보를 입력하고 있다는 것을 꼭 기억하고 편하게 적어주세요.

한 회사에서 쭉 근무하면서 직무의 변화가 없는 경우도 있고, 맡은 업무를 프로젝트로 정리하기 어려운 경우도 있을 거예요. 예를 들어 대기업에서 운영, 회계, 인사 등 반복되는 업무를 하고 있는 경우 데이터베이스를 채우기 어렵다고 느끼더라고요. 그렇다면 질문을 이렇게 바꾸어보겠습니다.

"이 회사에서 다른 곳으로 이직할 때 강조하고 싶은 경험 세 가지를 고른다면?"

친구들과 안부를 물을 때면 우린 늘 똑같은 생활을 하고 있다고 말하죠. 하지만 면접관 앞에서는 다를 거예요. 내가 그동안 해왔던 일에서 잘했던 것과 자신 있는 강점을 꺼내야 하니까요. 남들이 보기에 크고 거창한 일이 아니어도 괜찮아요. 내가 하고 싶은 일과 관련 있다면 짧은 경험, 작아 보이는 경험이라도 소중합니다.

카테고리	소속	경험	기간	태그
회사/일	B 회사	사내 대학생 서포터즈 ○○○ 운영	2017. 03	운영
회사/일	B 회사	부서별 R&R 업무 정리	2017. 06	인사
회사/일	B 회사	스프레드시트, 노션을 활용한 프로젝트 관리 템플릿 제작	2018. 02	인사, 운영

그래도 떠오르는 게 없다면 소속과 지금 하는 일만 간단히 적고 넘어가도 됩니다. 회사/일 경험 아니더라도 앞으로 개인/사이드 프로젝트, 강연/스터디/자격증 등 추가로 적을 경험이 많기 때문에 조급해하지 않아도 돼요. 다른 카테고리의 경험을 적다가 또 새로운 경험이 떠오르기도 하거든요. 그때 추가해도 된답니다.

소속이 자주 바뀌었거나 프리랜서라면

만약 여러 회사를 다녔거나 소속이 자주 바뀌는 프리랜서라면 그동안 참여한 프로젝트 단위로 경험을 정리해볼 수 있어요. 예를 들어 방송작가의 경우에는 소속된 곳보다 참여한 작품이 더 중요할 수 있겠죠? 그렇다면 참여한 작품을 중심으로 그동안의 경험을 정리하면 됩니다.

예시 프리랜서 방송작가 5년 차 △△ 씨의 경험 정리

카테고리	소속	경험	기간	태그
회사/일	KBS	A 프로그램 막내 작가	2012. 03	시양/교양
회사/일	MBC	B 다큐멘터리 취재 작가	2012. 05	다큐멘터리
회사/일	MBC	시사 프로그램 취재 작가	2013. 01	시사/교양
회사/일	MBC	D 생방송 프로그램 서브 작가	2014. 01	시사/교양

마찬가지로, 글을 쓰는 에디터라면 내가 주로 다루는 분야를 '패션', '여성', '로컬' 혹은 '라이프스타일' 등으로 나눠 써볼 수도 있고요. '외부 기고'를 받은 것인지, '직접 기획'한 콘텐츠인지, '인터뷰' 형태의 글인지 등을 태그에 적을 수도 있습니다.
비슷한 예로 디자이너라면 내가 참여한 디자인 분야를 태그로 적을 수도 있겠네요.

'브랜딩', '프로덕트', '편집' 등을 태그에 넣으면 어떨까요?

학생이거나 사회 초년생이라면

아직 사회 초년생이라면 대학교에서의 경험이나 인턴, 아르바이트 경험을 써도 좋습니다. 예를 들어 대학교에서 과대표를 맡았다거나, 동아리 홍보를 위해 SNS 계정을 운영했다면 이것도 '경험'에 적어주세요. 앞에서 강조했듯 이 경험은 타인에게 보여주기 위해 적는 것이 아닙니다. 내가 어떤 경험을 해왔는지, 그리고 그 경험이 어떤 경향을 가지고 있는지 내가 쉽게 확인하고 분류하기 위해서라는 걸 기억하세요.

예시 홍보 대행사 인턴 6개월 차 ◇◇ 씨의 경험 정리

카테고리	소속	경험	기간	태그
회사/일	K 대학	경영학회 운영진	2013. 03	
회사/일	K 대학	연합 발표 동아리 ○○○ 55기 운영진	2014. 03	
회사/일	C 회사	문서 디자인(파워포인트, 도식화) 아르바이트	2014. 06	
회사/일	Z 신문사	경제 뉴스 SNS 업로드 카드뉴스 제작 인턴	2014. 12	
회사/일	X 대행사	X 대행사 인턴 - A 전자 디지털 캠페인	2015. 06	

'소속'이나 기간은 비워둬도 좋아요. 하지만 '태그'는 자유롭게, 각 경험의 주요 키워드를 적어보면 좋겠어요. 층위가 맞지 않아도 괜찮아요. 학생이거나 사회 초년생이라면 앞에서 보여준 예시처럼 '태그'를 '직무'로 통일하거나 공통점을 갖고 있는 분야로 나누기는 어렵겠지만, 그래도 일단 적어보기로 해요.

카테고리	소속	경험	기간	태그
회사/일	K 대학	경영학회 운영진	2013. 03	경영학, 운영진
회사/일	K 대학	연합 발표 동아리 ○○○ 55기 운영진	2014. 03	발표, 운영진
회사/일	C 회사	문서 디자인(파워포인트, 도식화) 아르바이트	2014. 06	디자인, 문서 제작
회사/일	Z 신문사	경제 뉴스 SNS 업로드 카드뉴스 제작 인턴	2014. 12	문서 제작
회사/일	X 대행사	X 대행사 인턴 - A 전자 디지털 캠페인	2015. 06	기획, 홍보, 문서 제작

홍보 대행사에서 인턴을 한 ◇◇ 씨의 경험에서 주요 키워드를 뽑아봤습니다. '경영학회 운영진'에서는 '경영학'과 '운영진' 활동을 키워드로 적었고요. 연합 발표 동아리에서도 운영진 활동을 했으니까 '운영진'을, 문서 디자인 아르바이트에서는 '디자인', '문서제작'을 써넣었어요. 서로 같은 분류로 보기 어려워도 적다보면 자주 보이는 키워드를 발견할 수 있답니다. 그러면서 내 경험의 방향성도 알아차릴 수 있을 거예요.

다섯 가지 카테고리로 경험 정리하기

[두 번째 카테고리]
개인/사이드 프로젝트

회사와 일에 대한 경험 정리를 마쳤다면 이번에는 개인적으로 진행한 프로젝트를 적어볼까요? 흔히 '사이드 프로젝트'라고 말하는 일요. 관심 있는 주제로 강의를 했거나 직접 모임을 주최한 경험 등을 적어보는 것도 좋습니다. 블로그 챌린지, 연말회고처럼 혼자 꾸준히 진행하고 있는 프로젝트를 이 카테고리에 포함해도 좋고요. 워킹 홀리데이 경험, 스스로 기획하여 진행하고 있는 인터뷰 콘텐츠, 혹은 직접 공연을 기획하거나 플리마켓을 열어본 경험 등을 적을 수도 있겠네요. 오래하지 않은 것도, 사소한 것이라도 괜찮아요. 나에게 의미가 있는 경험이라면 꼭 적어주세요.

카테고리	소속	경험	기간	태그
개인/사이드 프로젝트		개인 에세이, 사진집 독립출판		
개인/사이드 프로젝트		주간 회고 작성하기		
개인/사이드 프로젝트		노션 포트폴리오 만들기		
개인/사이드 프로젝트	N 커뮤니티	'노션으로 나의 키워드 발견하기' 강의		
개인/사이드 프로젝트	다함께글쓰계	'다함께글쓰계' 글쓰기 모임 1기 운영		
개인/사이드 프로젝트	에어비앤비	에어비앤비 여행작가 참여		
개인/사이드 프로젝트		뉴스레터 <냐불냐불> 발행		

앞의 표는 제가 '개인/사이드 프로젝트' 카테고리 경험을 적어본 사례로, 사소한 것까지도 적으려고 노력했어요. 예를 들어 개인 프로젝트로 진행했던 '독립출판'과 '주간 회고 작성하기'를 적었어요. 에어비앤비 여행 작가 경험도, 공모전에 직접 글을 제출해 선정된 것은 처음이라 뜻깊었기에 적어보았습니다.

소속이나 주체가 없는 경우에는 따로 적지 않았습니다. 대신 경험에서 뽑을 수 있는 키워드를 뽑아 '태그'에 모두 적었어요. 내가 관심을 가지고 있는 활동을 발견할 수 있도록 힌트를 주기 때문이죠.

카테고리	소속	경험	기간	태그
개인/사이드 프로젝트		개인 에세이, 사진집 독립출판		글쓰기, 독립출판
개인/사이드 프로젝트		주간 회고 작성하기		회고
개인/사이드 프로젝트		노션 포트폴리오 만들기		노션, 포트폴리오
개인/사이드 프로젝트	N 커뮤니티	'노션으로 나의 키워드 발견하기' 강의		노션, 포트폴리오, 강의
개인/사이드 프로젝트	다함께글쓰계	'다함께글쓰계' 글쓰기 모임 1기 운영		글쓰기, 강의
개인/사이드 프로젝트	에어비앤비	에어비앤비 여행작가 참여		글쓰기
개인/사이드 프로젝트		뉴스레터 <냐불냐불> 발행		글쓰기

아마 개인/사이드 프로젝트의 경험을 정리하지 않았다면 제게 '글쓰기'라는 키워드가 있다는 것을 발견하기 어려웠을 거예요. 하지만 크고 작은 경험을 모아보니 '글쓰기'가 저의 경험에 주축이 되고 있다는 사실을 확인할 수 있었어요.

'강의'라는 키워드도 마찬가지예요. 회사에서뿐만 아니라 개인적으로도 강의에 참여한 경험이 많다는 사실을 뒤늦게 깨달았거든요. 또 회사에서 진행한 강의와 개인적으로 진행한 강의를 모아보니 '툴'이나 '생산성'과 관련되었다는 것도 알 수 있었고요. 이후 생산성과 툴을 키워드로 저를 설명하게 됐고, 관련 경험을 쌓을 수 있는 기회가 생기면 놓치지 않았답니다.

회사에서 했던 경험만이 나의 커리어를 증명할 수 있다고 생각했다면 발견할 수 없을 역량이 내 안 곳곳에는 숨어 있어요. 경험 데이터베이스를 작성할 때 회사나 일에만 국한하지 않고 다양한 카테고리의 경험을 살펴보자고 말하는 이유는 이 때문이에요. 멀리서 더 넓게 나의 경험을 바라보세요. 작은 것도 가까이 다가가 소중하게 살펴봐주세요. 우리가 해왔고 또 발견한 경험이라면 모두 가치 있으니까요.

다른 사람의 개인/사이드 프로젝트 사례도 살펴볼게요. 뉴스레터 〈슬기로운 점심시간〉 발행인 재민 님은 일의 영역을 넓히기 위해 경험을 정리하기 시작했어요. 재민 님은 콘텐츠 기획자로 이직을 준비하고 있었는데, 당시 근무 중인 회사 및 직무와는 전혀 다른 분야였죠. 그래서 회사와 일이 아닌 다른 영역에서 관련 경험을 찾아내는 것이 중요했습니다. 따라서 개인/사이드 프로젝트에 '내용' 속성을 추가했고, 각 경험에서 무슨 일을 했는지도 적어봤어요.

'내용' 속성을 추가한 재민 님의 경험 데이터베이스

재민 님은 카드뉴스 콘텐츠 기획, 매거진 연재, 뉴스레터 발행 등 개인/사이드 프로젝트로 콘텐츠를 제작한 경험이 매우 풍부했어요. 기고 제안을 받고 글을 쓰거나 콘텐츠를 제작한 경우도 있었고, 스스로 주체가 되어 기획하고 글을 쓴 경험도 많았으며, 이때의 노하우를 강연한 적도 있었죠. 재민 님은 이러한 경험을 바탕으로 스스로를 '콘텐츠를 기획하고 만드는 이야기꾼'으로 설명했고 결국 원하는 직무 '콘텐츠 매니저'로 이직에 성공했습니다.

이처럼 개인/사이드 프로젝트 경험을 정리하다보면 회사 밖에서 개인적으로 한 일 중에서도 내 커리어와 관련된 경험을 발견하기도 합니다. 이 경험은 능동적으로 선택한 것이기에, 앞으로 하고 싶은 일을 선택할 힌트가 됩니다. 해당 분야에 지원할 때 나만의 스토리가 되어줄 수도 있고요.

[세 번째 카테고리] 강연/스터디/자격증

무언가 배우고 싶어서 참여했던 강연이나 스터디는 '강연/스터디/자격증' 카테고리로 분류하여 적습니다. 나도 몰랐던 관심 분야나 주제를 발견할 수 있고 그동안 내가 어떤 방향으로 성장하려고 했는지 깨달을 수도 있는 카테고리예요.

카테고리	소속	경험	기간	태그
강연/스터디/자격증	북스톤	'쓰기클럽' 1기 참여		글쓰기
강연/스터디/자격증	컨셉진	에디터 스쿨		글쓰기
강연/스터디/자격증	디노마드	디노마드 일러스트레이터 배우기		디자인
강연/스터디/자격증	멋쟁이사자처럼	'멋사 직장인' 4기 프로젝트 1등		코딩, 서비스 기획
강연/스터디/자격증	디앤디파트먼트	d&department 나가오카 겐메이 강연		마케팅
강연/스터디/자격증		그로스 해킹 스터디		마케팅
강연/스터디/자격증		SQL 스터디		마케팅

강의 수강이나 스터디처럼 명확한 문서나 결과로 증명되지 않는 활동은 이력서에 기재하기 어렵습니다. 그러나 면접에서는 이력서에 적힌 내용 외에도 자연스럽게 관심사에 대한 대화가 오갈 때가 많습니다. 어떤 분야에 관심을 가지고 있고, 이를 배우기 위해 어떤 노력을 해왔는지 기록해둔다면 면접에서 더 수월하게 답변할 수 있을 거예요. 예를 들어 카피라이팅 스터디에 참여하거나 마케팅 전문 서적 모임에 꾸준히 참석한 내용을 정리해두었다면 누군가 관심사를 물었을 때 그동안의 노력과 열정을 쉽게 어필할 수 있겠죠?

뿐만 아니라 배움 자체만으로도 무언가를 발견할 수 있어요. 저의 경우에는 홍보 커뮤니티에서 활동하기도 하고 디자인 수업을 듣거나 글쓰기, 데이터 분석, 코딩 등 다양한 분야를 배웠어요. 시간이 흐르고 보니 다니던 회사에서 역할이 달라질 때마다 그 역할을 수행하기 위해 노력했다는 걸 알 수 있었죠.

공대를 졸업하고 전공과는 전혀 다른 마케터로 일할 수 있었던 건 커뮤니티나 스터디의 도움이 컸어요. 예를 들어 회사에서 우연히 맡게 된 블로그 업무를 더 잘하고 싶어 데이터 분석에 관심을 갖게 되었는데, 그때 참여했던 GA 강의와 그로스 해킹 스터디에서 스타트업이나 마케팅과 관련된 사람들을 만나 정보를 얻을 수 있었거든요. 회사에서 새로운 역할을 맡을 때마다 회사 밖에서 답을 찾으려고 노력했는데 그게 지금까지의 커리어를 쌓는 데 큰 도움이 되었더라고요. 데이터베이스에 경험을 기록하지 않으면 몰랐을 거예요.

하나의 경험만 봐서는 의미를 찾기 어려운 경우도 있어요. 당시에 내가 왜 이런 선택을 했는지 모를 때도 있고요. 경험 데이터베이스에 여러 카테고리의 경험을 작성해보는 이유는 그동안 내가 했던 경험을 다시 살펴보면서 맥락을 파악하기 위해서랍니다.

경험을 많이 쌓는 것은 중요해요. 하지만 어느 시점이 오면 내가 했던 경험을 연결해 스토리를 만들어야 합니다. 그동안 쌓아온 경험이 저절로 연결되어 의미를 만들어주진 않거든요. '강연/스터디/자격증' 카테고리의 경우에는 필요에 의해 배운 경험이 많았을 거예요. 왜 그런 경험을 하게 되었나요? 무엇을 위해 참여했고 무엇을 얻었나요? 내가 무슨 일을 했는지, 왜 했는지, 그리고 그때는 이 일이 왜 필요했는지 생각하면서 이런 경험이 생긴 이유를 발견해보세요. 그리고 나만의 스토리를 만들어보세요. 이어서 취미, 습관에 속하는 경험도 살펴볼까요?

[네 번째 카테고리] 취미/습관

취미나 습관처럼 무언가 얻기 위한 목적 없이 즐거움을 위해서 흥미롭게 하는 일도 적어보세요. 내가 어떤 사람인지 발견하는 데 큰 도움을 준답니다. '취미/습관' 카테고리에서는 '소속' 항목을 채우기 어려우므로 비워두어도 됩니다.

카테고리	소속	경험	기간	태그
취미/습관		'글쓰계 모임' 카피 라이팅		글쓰기
취미/습관		필름 사진 찍기		사진
취미/습관		탁구		운동
취미/습관		새로운 툴 써보기		생산성
취미/습관		매주 노션으로 회고하기		생산성, 툴, 회고

[다섯 번째 카테고리] 기타

마지막으로 앞의 네 가지 카테고리로 분류하기는 어렵지만 따로 적어두고 싶은 경험이 있다면 '기타'로 분류하여 적어봅시다. 또는 '기타'로 적혀 있는 옵션 항목을 직접 다른 이름으로 변경해도 좋아요.

Keywords

내 경험 사이의
연결 고리 만들기

NOTION PORTPOLIO

지금부터 할 일

모든 카테고리의 경험을 태그별로 모아보면서
경험 간의 연결 고리를 찾습니다.

● 태그로 경험 간의 연결 고리를 발견해봅니다.

● 경험이 부족하다면 경험 바구니를 만들어봅니다.

완성하면

서로 다른 경험 사이의 공통점을
발견해 내가 해온 일을
새로운 관점에서 바라볼 수 있어요.

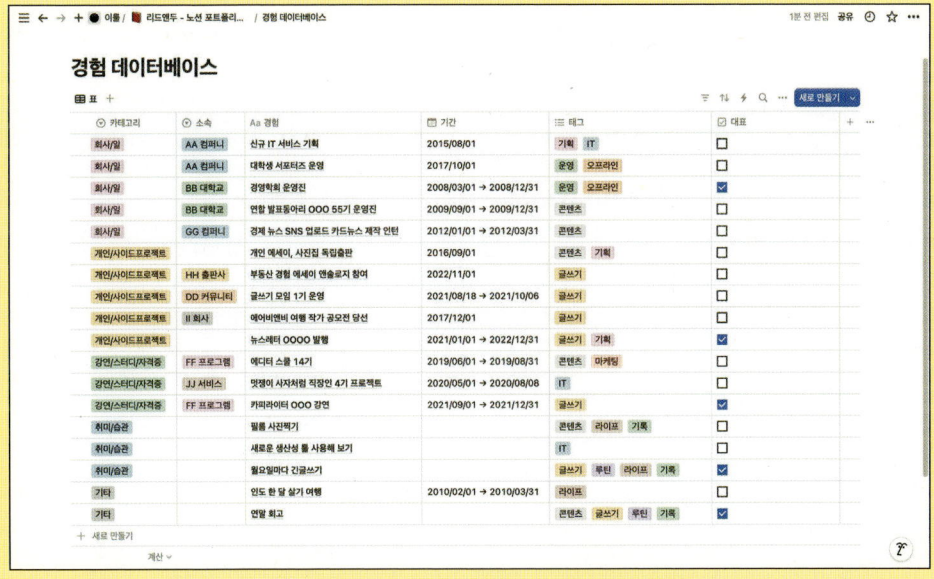

태그로 경험 간의 연결 고리 발견하기

지금까지 다섯 가지 카테고리별로 어떤 경험을 어떻게 정리하면 좋을지 알아봤어요. 경험에 따라 소속과 기간, 태그도 정리했습니다. 이제는 각자 다른 카테고리에 적어둔 경험을 하나로 합치면서 나의 경험을 전체적으로 살펴보려고 합니다. 2장에서 '태그' 속성에 여러 키워드를 작성해두었는데, 이번 장에서 한 번씩 다시 살펴보면서 정리하겠습니다.

지금까지 정리한 경험 데이터베이스를 살펴보면 서로 다른 카테고리여도 비슷한 키워드를 적은 경험이 보일 거예요. 혹은 같은 키워드이지만 다르게 표현한 경우도 있을 거고요. 예를 들어 '태그' 속성에 '글쓰기'라고 적은 경험도 있고 '글 작성'이라고 적은 경험도 있을 거예요. 키워드를 일관성 있게 통일하고, 새로운 속성이 필요하다면 다시 만들어서 분리해주세요. 다음은 저의 경험 데이터베이스에 태그를 채워넣은 예시입니다.

카테고리	소속	경험	기간	태그
회사/일	A 회사	보험사 IT 관리 체계 개선 컨설팅	2012. 03	오프라인, 컨설팅
회사/일	A 회사	Y 어학원 프로그램 기획 및 홍보	2012. 05	오프라인, 기획, 홍보
회사/일	A 회사	기업 블로그 기획 및 관리	2012. 05	온라인, 마케팅, ① 글쓰기
회사/일	A 회사	회사 서비스 소개서 영상 제작	2013. 01	온라인, 마케팅
회사/일	A 회사	S 기업 OA 강의 (엑셀, 파워포인트)	2014. 01	오프라인, 강의, 생산성
회사/일	A 회사	신규 IT 서비스 기획	2015. 01	온라인, 기획

카테고리	소속	경험	기간	태그
회사/일	A 회사	IT 서비스 영상 광고 캠페인	2016. 01	온라인, 마케팅
회사/일	A 회사	대학생 서포터즈 ○○○ 운영	2012. 05	운영, 기억하고 싶은 경험
개인/사이드 프로젝트		개인 에세이, 사진집 독립출판	2012. 05	글쓰기, 독립출판, 기억하고 싶은 경험
개인/사이드 프로젝트		주간 회고 작성하기	2012. 05	회고
개인/사이드 프로젝트		노션 포트폴리오 만들기	2013. 01	노션, 포트폴리오
개인/사이드 프로젝트	N 커뮤니티	노션으로 나의 키워드 발견하기 강의	2014. 01	노션, 포트폴리오, 강의
개인/사이드 프로젝트	다함께 글쓰계	다함께글쓰계 글쓰기 모임 1기 운영	2015. 01	글쓰기, 강의, 기억하고 싶은 경험
개인/사이드 프로젝트	에어비앤비	에어비앤비 여행작가 참여	2016. 01	글쓰기
개인/사이드 프로젝트		뉴스레터 <냐불냐불> 발행	2012. 05	글쓰기
강연/스터디/자격증	북스톤	쓰기클럽 1기 참여	2012. 05	글쓰기
강연/스터디/자격증	컨셉진	에디터 스쿨	2013. 01	글쓰기
강연/스터디/자격증	디노마드	일러스트레이터 배우기	2014. 01	디자인
강연/스터디/자격증	멋쟁이사자처럼	멋사 직장인 4기 프로젝트 1등	2015. 01	코딩, 서비스 기획, 기억하고 싶은 경험
강연/스터디/자격증	디앤디파트먼트	d&department 나가오카 겐메이 강연	2016. 01	② 마케팅

내 경험 사이의 연결 고리 만들기

카테고리	소속	경험	기간	태그
강연/스터디/자격증		그로스 해킹 스터디	2012. 05	그로스 해킹, ② 마케팅
강연/스터디/자격증		SQL 스터디	2012. 05	SQL, ② 마케팅
취미/습관		'글쓰계 모임' 카피 라이팅	2013. 01	글쓰기, ② 마케팅
취미/습관		필름 사진 찍기	2014. 01	사진
취미/습관		탁구	2015. 01	운동
취미/습관		새로운 툴 써보기	2016. 01	생산성
취미/습관		매주 노션으로 회고하기	2012. 05	생산성, 툴, 회고

예를 들어 '회사/일' 카테고리에서 '태그'에 키워드를 작성할 때는 직무, 역할에 집중했으므로 '글쓰기'를 키워드로 적을 생각을 하지 못했어요. 하지만 '개인/사이드 프로젝트' 카테고리에서 경험을 작성하면서 나에게 '글쓰기'와 관련된 키워드가 있다는 것을 알게 되었고, '회사/일' 카테고리에 적어둔 '기업 블로그 기획 및 관리' 경험에 '글쓰기' 키워드를 추가할 수 있었습니다(①).

마찬가지로 '강연/스터디/자격증' 카테고리에서도 처음에는 해당 스터디에서 배운 내용만 태그에 작성했어요. 그런데 돌이켜보니 마케팅 업무를 맡게 되면서 이를 더 잘하기 위해 배운 것들이더라고요. 그래서 '강연/스터디/자격증' 카테고리에 '마케팅' 키워드도 추가해보았답니다(②).

이처럼 각각의 경험에 태그를 추가하고 정리하다보면 서로 다른 카테고리의 경험이 연결되는 것을 발견할 수 있습니다. 경험이 이어지면서 새로운 의미가 생성되는 것도 볼 수 있었고요. 서로 다른 카테고리에 쓰여 있는 다른 경험이라도 '태그'에 주요 키워드를 뽑아 적는 과정을 거치며 같은 키워드를 공유할 수도 있거든요. 경험을 연결하고 숨은 의미를 발견하기 위해서 '태그' 항목을 잘 채우고 자세히 살펴봐주세요.

태그에 키워드를 적을 때는 그 경험에서 내가 했던 것, 배웠던 것, 혹은 특이한 점을 주요 '명사' 또는 '명사구'로 적는다고 생각해보세요. 예를 들어 '보험사 IT 관리 체계 개선 컨설팅'이라면 보험사, IT, 컨설팅 등을 키워드로 뽑아볼 수 있고, '개인 에세이, 사진집 독립출판'이라면 글쓰기, 사진 찍기, 독립출판 등을 키워드로 뽑아볼 수 있습니다.

처음에는 각 경험에서 꺼낼 수 있는 키워드를 모두 꺼내보고 이후에 경험을 정리하면서 필요 없는 키워드를 하나씩 지워도 됩니다. 경험 데이터베이스에서 작성한 내용은 언제든지 지우거나 추가할 수 있으니까 부담 없이 적으면서 수정해나가세요. 태그를 채우기가 막막하다면 다음 제안을 따라하는 것을 추천합니다.

① '회사/일' 외 다른 카테고리에서는 경험의 주제를 키워드로 적어보기
개인적으로 했던 경험이나 '강연/스터디/자격증' 등 다른 카테고리에서는 어떤 키워드를 적어야 할지 고민될 수 있습니다. 이럴 때는 그 경험에서 강조하고 싶은 '주제'를 추출한다고 생각하고 키워드를 뽑아보세요. 예를 들어 '뉴스레터 <냐불냐불> 발행' 경험이라면 '뉴스레터', '글쓰기' 등을 키워드로 뽑을 수 있을 거예요. 다만 내가 해당 경험으로 보여주고 싶은 것이 2년 넘게 매주 뉴스레터를 발행해온 '성실함', '꾸준함'이라면 이런 역량을 키워드에 적어도 좋습니다. 내가 했던 일이나 내가 보여주고 싶은 역량을 키워드로 뽑아 정리한다고 생각하면 어렵지 않을 거예요.

② 경험과 경험 사이의 교집합을 발견하며 태그 수정하기
이렇게 하나씩 태그를 채우다보면 경험과 경험 사이의 교집합을 발견할 수 있습니다. 예를 들어 처음으로 태그를 채울 때 '회사/일' 카테고리의 '기업 블로그 기획 및 관리' 경험에 '마케팅'이라고 적었어요. 하지만 이후 다른 카테고리의 태그를 적으면서 '글쓰기'라는 키워드를 발견하게 되었고, '기업 블로그 기획 및 관리' 경험에도 '글쓰기'를 태그로 추가했어요.

우리가 만드는 노션 경험 데이터베이스는 쉽게 수정할 수 있어요. 태그 속성에 작성한 키워드도 언제든지 추가 및 수정하고 삭제해도 된답니다. 이처럼 태그를 작성하다보면 서로 다른 카테고리에서도 동일한 키워드를 발견하기도 합니다. 특히 직무

역량의 경우 회사 일이 아닌 외부 경험으로도 키울 수 있다는 것을 경험 데이터베이스를 정리하며 알게 될 거예요.

카테고리	소속	경험	기간	태그
회사/일	A 회사	기업 블로그 기획 및 관리	2012. 05	온라인, 마케팅, +글쓰기
개인/사이드 프로젝트		개인 에세이, 사진집 독립 출판	2012. 05	글쓰기, 독립출판
개인/사이드 프로젝트	다함께 글쓰계	'다함께글쓰계' 글쓰기 모임 1기 운영	2015. 01	글쓰기, 강의
개인/사이드 프로젝트	에어비앤비	에어비앤비 여행작가 참여	2016. 01	글쓰기
개인/사이드 프로젝트		뉴스레터 <냐불냐불> 발행	2012. 05	글쓰기
강연/스터디/ 자격증	북스톤	'쓰기클럽' 1기 참여	2012. 05	글쓰기
강연/스터디/ 자격증	컨셉진	에디터 스쿨	2013. 01	글쓰기
취미/습관		'글쓰계 모임' 카피 라이팅	2013. 01	글쓰기

③ 필요하다면 새로운 항목 만들기

태그에 키워드를 하나둘 작성하다보면 따로 분류하여 새로운 속성으로 만들어 관리하고 싶은 항목이 보이기도 합니다. 이럴 땐 속성을 하나 더 추가해서 분류해도 좋습니다.

예를 들어 '직무/역할'을 새로운 속성으로 만들어 '회사/일' 카테고리의 경험에는 '직무'를 적고, 나머지 카테고리에서는 '역할'을 적어 구분하면 내가 각 경험에서 어떤 일을 해왔는지 좀 더 쉽게 확인할 수 있습니다. 또한 '역량'이라는 속성을 추가한다면 각 경험에서 내가 얻을 수 있었던 '역량'을 기록해볼 수도 있을 거예요.

카테고리	소속	경험	기간	직무/역할	태그
회사/일	A 회사	기업 블로그 기획 및 관리	2012. 05	마케팅	온라인, 글쓰기
회사/일	A 회사	S 기업 OA 강의 (엑셀, 파워포인트)	2014. 01	강사	오프라인, 강의
개인/사이드 프로젝트	N 커뮤니티	노션으로 나의 키워드 발견하기 강의		강사	노션, 포트폴리오, 강의
개인/사이드 프로젝트	다함께 글쓰계	다함께글쓰계 글쓰기 모임 1기 운영	2015. 01	모더레이터	글쓰기, 강의
회사/일	A 회사	대학생 서포터즈 ○○○ 운영	2012. 05	모더레이터	운영, 기억하고 싶은 경험

저 같은 경우 온/오프라인 속성을 따로 만들었습니다. 제가 처음 입사했던 회사는 오프라인 컨설팅이 주업이었어요. 주로 기업과 대학교에서 교육 프로그램을 기획하고 운영하는 일을 했는데, 회사가 성장하면서 오프라인 기반의 사업이 점점 온라인으로 확장되었습니다. 저도 입사 초반에는 오프라인 프로그램을 기획 및 운영하고 종종 강의를 진행했으나, 시간이 지나면서 온라인 기반의 마케터의 역할을 더 많이 수행하게 되었어요.

당시 저는 회사 홍보를 위해, 그리고 강의에 참여한 사람들과 지속적으로 연결되기 위해 블로그나 페이스북 채널을 운영하는 업무를 담당했어요. 이후 시간이 지나면서 회사에서는 팀을 '오프라인팀', '온라인팀'으로 구분했고 저는 '온라인팀' 소속이 되었습니다. 이러한 저의 소속 변화를 분류해보고 싶어 처음에는 태그에 '온라인', '오프라인'을 구분해서 써넣다가, 아예 따로 '온/오프라인' 항목을 추가했어요. 그렇게 구분해 적다보니 '회사/일'뿐만 아니라 개인적으로 진행했던 프로젝트들도 '온/오프라인' 기반으로 구분할 수 있더라고요. 이 부분을 다른 카테고리에도 적용해보았습니다.

카테고리	소속	온/오프라인	경험	기간	태그
회사/일	A 회사	오프라인	보험사 IT 관리 체계 개선 컨설팅	2012. 03	컨설팅
회사/일	A 회사	오프라인	Y 어학원 프로그램 기획 및 홍보	2012. 05	기획, 홍보
회사/일	A 회사	온라인	기업 블로그 기획 및 관리	2012. 05	마케팅
회사/일	A 회사	온라인	회사 서비스 소개서 영상 제작	2013. 01	마케팅
회사/일	A 회사	오프라인	S 기업 OA 강의 (엑셀, 파워포인트)	2014. 01	강의
회사/일	A 회사	온라인	신규 IT 서비스 기획	2015. 01	기획
회사/일	A 회사	온라인	IT 서비스 영상 광고 캠페인	2016. 01	마케팅
개인/사이드 프로젝트		온라인	주간 회고 작성하기	2012. 05	회고
개인/사이드 프로젝트		온라인	노션 포트폴리오 만들기	2013. 01	노션, 포트폴리오
개인/사이드 프로젝트	N 커뮤니티	온라인	노션으로 나의 키워드 발견하기 강의	2014. 01	노션, 포트폴리오, 강의
개인/사이드 프로젝트	다함께 글쓰계	온라인	다함께글쓰계 글쓰기 모임 1기 운영	2015. 01	글쓰기, 강의, 기억하고 싶은 경험
개인/사이드 프로젝트	에어비앤비	온라인	에어비앤비 여행작가 참여	2016. 01	글쓰기
개인/사이드 프로젝트		온라인	뉴스레터 <냐불냐불> 발행	2012. 05	글쓰기, 기억하고 싶은 경험

태그에 적었던 키워드를 따로 분류하여 새로운 속성으로 만드는 것처럼, 이미 만들어둔 속성을 내게 맞게 수정해도 됩니다. '기간'을 노션에서 제공하는 달력이 아니라 연도별로 분류하기 위해 항목으로 만들어 추가해도 좋습니다. 53쪽에서 설명했던 '기간' 속성에는 년, 월, 일까지 정확하게 입력해야 하는데요. 연도만 입력하고 싶다면 '선택' 속성으로 생성한 후 '2021', '2022' 등 연도를 옵션으로 만들어보세요. TIP

카테고리	소속	경험	기간	태그
회사/일	A 회사	보험사 IT 관리 체계 개선 컨설팅	2021	컨설팅
회사/일	A 회사	Y 어학원 프로그램 기획 및 홍보	2022	기획, 홍보
회사/일	A 회사	기업 블로그 기획 및 관리	2021	마케팅
회사/일	A 회사	회사 서비스 소개서 영상 제작	2021	마케팅
회사/일	A 회사	S 기업 OA 강의(엑셀, 파워포인트)	2021	강의

'경험의 중요도', '경험의 참여도' 등을 항목으로 만들고 별점으로 체크하면서 각각의 경험을 구분해볼 수도 있습니다. 별 1~5개를 옵션 항목으로 만들어 각 경험마다 별점을 매겨보세요.

카테고리	소속	경험	기간	태그	중요도
회사/일	A 회사	보험사 IT 관리 체계 개선 컨설팅	2021	컨설팅	★★★
회사/일	A 회사	Y어학원 프로그램 기획 및 홍보	2022	기획, 홍보	★★
회사/일	A 회사	기업 블로그 기획 및 관리	2021	마케팅	★★
회사/일	A 회사	회사 서비스 소개서 영상 제작	2021	마케팅	★★★★★
회사/일	A 회사	S 기업 OA 강의(엑셀, 파워포인트)	2021	강의	★

TIP '기간' 속성을 클릭하면 속성의 유형을 변경할 수 있습니다.

마지막으로 '대표' 항목을 반드시 만듭니다

앞에서 '대표' 항목을 만들었죠? 33쪽에서 설명한 것처럼 노션 포트폴리오에서 주요 경험을 정리해서 보여줄 갤러리와, 맨 처음 제시한 표는 같은 데이터베이스를 공유하고 있습니다. 하나의 데이터베이스를 공유하며 '대표' 항목에 체크한 항목만 포트폴리오에 표시되도록 설정한 것이에요. 형태는 다르지만요.

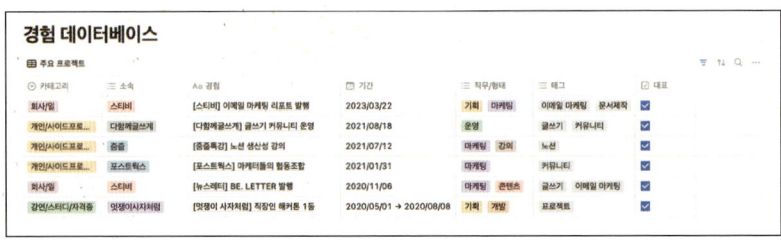

앞으로도 경험 데이터베이스에 새로운 경험을 추가해나갈 텐데요. 이 경험을 외부에 보여줘도 될지는 미리 판단하지 않아도 됩니다. 일단 한 줄 추가하는 것으로 충분해요. 주요 이력으로 보여주긴 어려워도, 내가 기억하기 위해 적어둘 경험도 필요하니까요. 다음 이미지처럼 '대표' 항목에 체크한 경험만 외부 포트폴리오에 나타나도록 설정하는 방법이 있습니다. 5장의 포트폴리오 제작에서 함께 설정해볼 테니 여기서는 항목만 만들어두겠습니다.

지금까지 경험을 다섯 가지 카테고리로 분류하여 기록하고, 다시 '태그' 항목에 키워드를 적어 각 경험 간 연결 고리를 살펴보았어요. 저는 한 회사에서 오랫동안 근무하면서 무엇이든 '할 수 있다면 하는 사람'으로 포지셔닝하고 일을 해왔어요. 그리고 퇴사할 무렵에는 정말 무엇이든 하고 있는 사람이었죠. 그렇게 인정받으며 하루하루를 보내는 것도 좋았지만, 종종 '나는 뭐하는 사람인지, 또 무엇을 하고 있는 사람인지' 고민하게 되더군요. 퇴사 후 적어두지 않으면 잊어버릴 것 같은 마음에 그동안의 경험을 모두 기록한 것이 데이터베이스의 시작이었답니다.

처음에는 이력서에 적을 경험을 잊고 싶지 않아서 소속과 기간, 경험을 적었어요. 적고 나니 내가 어떤 일을 했는지, 무엇을 얻었는지 한눈에 보고 싶더라고요. 그래서 '태그' 항목을 만들어 각각의 경험에서 발견한 키워드들을 적게 되었습니다. 이 과정을 통해 내가 예상하지 못했던 키워드들이 곳곳에 적혀 있다는 것을 알게 되었어요. 회사에서 했던 일 외에도 나를 설명할 수 있는 경험이 있음을 깨달았습니다. 내가 특히 좋아하는 일이 무엇인지, 다음에 하고 싶은 일을 위해서는 어떤 경험을 보여줘야 하는지도 알 수 있었고요.

태그 영역에 키워드를 찾아 적는 것이 처음에는 어려울지도 모릅니다. 나의 경험을 스스로 해석해서 꺼내야 하니까요. 그렇지만 이 과정에서 여러분이 자신의 경험을 다른 시선으로 살펴보고 스토리를 만들 수 있다고 꼭 말하고 싶네요. 그러니 조금만 더 힘을 내봅시다!

경험이 너무 부족하다면
경험 바구니 만들기

계획을 세우기도 전 마음이 앞서는 탓에, 정신을 차려보면 이미 시작하는 일이 많았습니다. 스타트업에서 일하다보니 해야 하는 일도 다양했어요. 남들은 목표와 계획을 세운 후 움직인다는데 제게는 어렵더라고요. 대신 저는 일단 해본 후 '잇는 것', 즉 연결하는 것에 집중하기로 했습니다.

경험을 일단 쭉 적어보고 연결고리를 찾는 과정이 즐거웠던 건 그동안 해왔던 여러 경험 덕분입니다. 서로 연관성 없어 보이던 경험을 다양한 조건으로 분류하고 키워드를 지정하면서, 지나온 시간 덕분에 지금의 내가 되었다는 것을 발견할 수 있었어요. 이 경험을 사람들과 나누고 싶어 경험 정리를 기반으로 한 포트폴리오 강의를 시작했고요. 그런데 강의를 진행하면서 고민되는 대상이 있었으니, 바로 사회 초년생들이었습니다. 이들은 경험을 연결하기에는 아직 재료가 부족해보였어요.

키워드를 발견하기 위해 경험을 정리하자고 말하면서도 한편으로는 '경험이 없는 사람은 어떻게 하나' 걱정이 되었어요. 지금 내가 다양한 경험을 정리할 수 있는 건, 오랜 시간 일해온 덕분 아닌가 싶었던 거예요. 맞는 말이에요. 일한 시간이 길다고 해서 많은 일을 한 건 아니지만 10년 일한 사람과 1년 일한 사람이 가진 경험의 양은 차이가 날 수밖에 없을 테니까요.

경험이 없는 사람들은 두 분류로 나눠볼 수 있어요. 한쪽은 경험이 적은 대학생 혹은 사회 초년생입니다. 다른 한쪽은 경험은 있지만, 가고 싶은 길이 달라진 직장인이고요. 전자는 말 그대로 '축적된 시간'이 부족하고, 후자는 필요한 분야의 경험이 부족한 경우죠.

경험이 부족해서 걱정이라면 함께 일하는 동료와 나눈 이야기를 전할게요. 저는 요즘 회사에서 뉴스레터 발행인을 인터뷰하는 프로젝트를 진행하고 있는데, 마케터인 저와 객원 에디터가 함께 참여합니다. 그날은 '콘텐츠 로그'라는 뉴스레터를 발행하는 해인 님이 객원 에디터로 함께했어요. 집에 돌아가던 길에 이런 이야기를 나누었습니다. 해인 님은 이 프로젝트로 '인터뷰어'라는 역할을 처음 맡게 됐는데, 요즘은 세 가지 프로젝트에 인터뷰어로 참여하고 있다는 거예요. 해인 님에게 '인터뷰어'라는 키워드가 생긴 거죠.

"해인 님, 이제 완전 인터뷰어네요. 계속 그 키워드를 가져가면 좋을 것 같아요. 다른 곳에서도 인터뷰어로 계속 제안도 올 거고요"라는 저의 말에 해인 님이 답했습니다. "인터뷰를 하고 싶으면, 인스타그램에 '인터뷰어로 일하기'의 좋은 점을 쓰면 돼요. 그럼 일이 오더라고요." 저는 그 말이 좋아서 마음에 꼭 담아두었어요. 내가 하고 싶은 일이 무엇인지 알게 되면 기회가 찾아오게 만들 수도 있구나 싶더라고요.

요리와 게더링을 기반으로 여러 가지 모임과 활동을 진행하고 글과 콘텐츠를 만드는 '에리카팖'은 스스로를 '요리먹구가'와 '텍스트셰프'로 나누어 자신의 이력을 구분합니다. 그는 요리로 사람들과 연결되는 모임을 주로 진행해왔어요. 코로나19 팬데믹 때는 집에 여성 노동자들을 초대해 식사하며 커리어에 대해 이야기를 나누는 소셜다이닝 프로젝트 '함바데리카'를 진행하고 『언니, 밥 먹고 가』라는 책을 출간하기도 했고요.

많은 사람이 에리카팖을 '요리와 게더링'으로 기억하기 시작할 때 그는 스스로에게 '텍스트셰프'라는 직함을 부여했습니다. 이후 작가, 카피라이팅 등 글쓰기와 관련된 기회를 하나둘 만들어나가고 있습니다. 에리카팖 역시 노션으로 포트폴리오를 만들고 차곡차곡 경험을 정리하고 있는데, 어느 순간부터 '텍스트셰프'로의 이력이 늘어나는 것이 즐겁다고 합니다.

혹시 '바구니 이론'을 아나요? 사실 제가 만든 이론이어서 실제로 있는지는 모르겠어요. 저는 수납하고 정리하는 것을 좋아하는데, 그중에서도 특히 바구니를 만들어 각 물건에 자리를 정해주는 것을 좋아해요. 여기저기 흩어져 정리되지 않았던 물건도 지정 바구니가 생기면 쉽게 정리하고 찾을 수 있어요. 경험도 마찬가지예요. 경험 데이터베이스에 태그를 달아주는 일은 내 경험을 차곡차곡 넣어둘 경험 바구니를 만드는 것과 비슷합니다.

연결할 경험이 부족해도 괜찮아요. 경험이 없어서 경험을 정리할 수 없다는 생각은 하지 않도록 해요. 일단 경험을 정리하다보면 내가 왜 이런 경험을 했는지 이유를 발견하게 되고 또 그 경험을 연결해서 경력으로 표현할 수 있을 거예요. 그동안의 경험을 이어서 내가 가고자 하는 방향을 알아차리는 방법도 있지만, 새롭게 나아가고 싶은 방향으로 경험을 만들어가는 것도 좋은 방법이니까요.

'기록'을 키워드로 가져가고 싶다면 지금부터 기록하세요. 글을 쓰고 싶다면 글을 쓰고 싶다고 말하세요. 경험이 많든 적든 지금의 나를 정리해야 앞으로의 나도 정리할 수 있습니다. 언제 시작하더라도 괜찮아요. 지금 이렇게 경험을 정리하는 과정이 앞으로 계속 커리어를 만들어나가는 데 큰 도움을 줄 거예요.

Keywords

나를 소개할 키워드 찾기

NOTION PORTPOLIO

지금부터 할 일

경험을 다양한 방식으로 묶어보면서
나를 설명하는 키워드를 찾습니다.

- 경험 데이터베이스의 정렬과 레이아웃을 변경하면서 새로운 관점으로 살펴봅니다.

- 서로 다른 기준으로 경험을 묶으면 의외의 발견을 할 수 있어요.

- 특정 카테고리만 뜯어보면서 면밀하게 살펴봅니다.

- 제시된 문장의 빈칸을 채우며 내가 어떤 사람인지 생각해봅니다.

완성하면

일상에서, 포트폴리오에서,
나를 설명할 키워드를 찾을 수 있어요.

나만의 키워드를 찾기 위해 아래 문장들을 완성해보세요.

1. 시간의 흐름으로 보았을 때, 나의 경험에는 _____ 가 있었다.
2. 내가 회사/일에서 주로 했던 일은 _____ 이다.
3. 내가 개인적으로 주로 했던 일은 _____ 이다.
4. 경험 데이터베이스를 정리하면서 기억에 남는 세 가지 경험은 _____, _____, _____ 이다.
5. 해당 경험을 선택한 이유는 _____ 이기 때문이다.

- 나는 _____ 을 하고 싶은 사람이다.
- 그러기 위해 나는 _____ 한 경험, 강점을 가지고 있다.

경험에서 어떻게 키워드를
발견할 수 있나요?

새로운 계절을 맞아 책장을 정리할 때면 수많은 책을 어떻게 분류하면 좋을지 고민에 빠집니다. '서점처럼 소설, 시/에세이, 경제/경영 등 주제별로 나눠서 분류해볼까?', '출판사별로 분류해볼까?' 고민이 많아지죠. 어느 날 친구 집에 갔는데, 책장이 흰색, 빨간색, 노란색처럼 색상별로 정리되어 있었어요. '색이라는 공통점으로 묶어 나눌 수도 있구나!' 하고 감탄했던 기억이 납니다.

지금 제 책장은 관심사와 필요도에 따라 분류되어 있어요. 자주 손이 가는 에세이와 글쓰기 관련 책은 꺼내기 쉬운 곳에, 필요에 따라 가끔 읽는 경제/경영서와 실용서는 책장 아래에 두었어요. 가장 자주 읽는 만화책은 맨 위에 있습니다.

지금까지 카테고리에 따라 경험을 작성했는데, 이제부터 나만의 규칙으로 경험을 분류해봅시다. 그러기 위해서는 어떤 주제로 경험을 분류할지 먼저 정해야겠죠? 지금부터 경험 사이의 상관 관계와 공통점을 찾는 연습을 해볼게요. 다음의 이모지들을 살펴봅시다.

잠시 이모지들을 보며 특징을 찾아봅시다. 무엇이 떠오르나요? 모두 노란색이라는 사실은 쉽게 발견할 수 있을 겁니다. 그 외에도 찬찬히 살펴보면 몇 개의 공통점을 찾을 수 있을 거예요.

지금부터 이 이모지들을 여러 분류로 나누어볼게요. 우선 모두 '이모지'라는 공통점을 가지고 있으니 '이모지 그룹'으로 묶어볼 수 있겠어요. 노란색이라는 공통점도 보입니다. '노란색 이모지 그룹'이라는 이름으로 이것들을 묶어볼게요.

표정이 그려진 '인물' 이모지끼리 모아볼 수도 있습니다. '손' 모양의 이모지들도 있고요. 이렇게 하나씩 공통점을 찾아 그룹을 만들어보세요. 몇 개의 그룹을 만들었나요? 제가 발견한 그룹은 다음과 같습니다.

인물과 손 그룹을 좀 더 들여다볼게요. 인물 그룹 이모지의 감정이 모두 다른데, 이것들을 '희로애락'이라고 이름 붙일 수 있겠어요. 그렇다면 손은 가위, 바위, 보 모양이니 '묵찌빠 게임'이라고 그룹 이름을 정해볼 수도 있고요.

같은 그룹에 속하지 않은 이모지들 사이에도 공통점을 발견할 수 있어요. 예를 들어 '인물' 이모지는 모두 원형이에요. 만약 '동그라미' 그룹을 만든다면, 인물 이모지 전체와 도형의 '원' 이모지를 함께 모을 수 있을 겁니다. '동식물' 그룹에 있는 새의 경우 얼굴이 있으니까 '인물' 이모지와 함께 '얼굴'을 가진 그룹으로 합칠 수도 있을 거예요.

나를 소개할 키워드 찾기

이모지를 언제 사용하나요? 문자를 사용할 때 감정이나 의도를 더 명확하게 표현하기 위해 이모지를 덧붙이고는 합니다. 재밌게도 사람마다 자주 사용하는 이모지가 다르잖아요. 그렇다면 내가 좋아하고 자주 쓰는 이모지 그룹을 만들어볼 수도 있겠죠? 일종의 즐겨찾기처럼 말이에요. 그렇다면 꼭 사회적으로 통용되는 기준으로 그룹을 만들지 않아도 괜찮아요.

내가 자주 찾는 이모지들

이모지들 사이의 공통점을 찾아 여러 그룹으로 만든 것처럼, 앞에서 정리한 경험을 여러 방향에서 살펴보며 그들이 갖는 의미를 발견해보려고 해요. 시간순으로 보면서 내가 했던 일이 어떻게 변했는지 살펴보기도 하고, 가장 많이 했던 활동은 무엇인지도 확인해보기도 하고요. 또한 가장 즐거웠던 활동만 모아 어떤 공통점이 있는지도 알아봅시다. 작성한 경험을 여러 관점에서 살펴보면 새로운 의미를 발견할 수도 있고, 그 안에서 나를 소개할 키워드를 정의할 수도 있습니다.

처음에는 경험을 연결해 의미를 발견하는 것이 쉽지 않을 거예요. 하지만 경험 사이에서 공통점이나 차이점을 발견하고, 또 내가 좋아하는 경험이나 성공했던 경험만 추리다보면 숨겨진 의미를 하나씩 발견할 수 있습니다.

무엇보다 우리에게는 그동안의 경험을 정리한 경험 데이터베이스가 있습니다. 제가 생각하는 노션 데이터베이스의 장점은 다양한 보기가 가능하고 필터와 정렬을 추가하여 콘텐츠를 쉽게 분류할 수 있다는 점이에요. 기록을 여러 방식으로 살펴보면 이를 통해 새로운 경험을 다각화해서 볼 수 있습니다. 그냥 봐서는 발견하기 어려운 여러 그룹을 만들어낼 수도 있죠.

예를 들어 카테고리, 기간, 태그를 필터링해 '2024'년에 '회사'에서 진행했던 '마케팅' 경험만 추려서 확인할 수 있어요. 그렇게 보면 올해 내가 주로 어떤 마케팅에 집중했는지, 성과는 어땠는지 점검할 수 있겠죠.

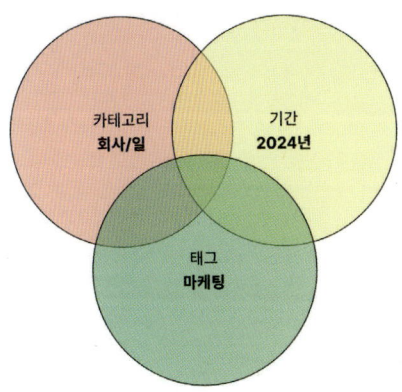

지금까지 우리가 적었던 경험을 이모지라고 생각해볼게요. 처음에는 나열된 이모지를 보면서 '색'과 '이모지'라는 공통점만 찾았습니다. 하지만 하나하나 떼어보며 그룹을 짓고 다시 분리하기도 하면서 여러 공통점을 발견할 수 있었죠. 이처럼 경험 데이터베이스에 카테고리별로 작성한 경험도 모두 꺼내 여러 방법으로 살펴보면 새로운 공통점을 발견할 수 있을 거예요. 지금부터 세 가지 방법으로 경험 데이터베이스를 정렬하거나 필터링해보겠습니다. 내 지난 경험을 돌이켜보며 나만의 이야기를 만들어봅시다.

시간순으로 경험 정렬해보기

가장 쉬운 방법은 경험을 시간순으로 정렬하는 겁니다. 경험 데이터베이스의 오른쪽 위에 있는 [정렬]을 선택하고 정렬 기준으로 '기간' 속성을 선택합니다. 이후 기간을 '오름차순' 또는 '내림차순'으로 설정하여 시간의 흐름에 따라 내 경험이 어떻게 변화했는지, 어떤 의미를 만들어왔는지 살펴보세요.

가장 오랫동안 해온 일은 무엇인가요? 시간 흐름에 따라 커리어에 어떤 변화가 있었나요? 혹시 '회사/일'에 집중한 시기, '개인/사이드 프로젝트'에 집중한 시기를 구분할 수 있나요? 그건 무엇을 의미하나요?

저는 '회사/일' 카테고리에 속하는 경험만 추려서 이를 시간순으로 정렬했는데, 회사는 그대로였지만 시간에 따라 주요 사업과 직무가 변화하는 것을 알 수 있었어요. 처음에는 컨설팅, 교육 기획으로 시작한 업무가 회사 홍보를 위한 SNS 채널 관리, 블로그 관리로 이어졌고 이후에는 신규 IT 서비스를 기획하거나 온라인 마케팅을 하는 방향으로 바뀌더라고요.

이를 바탕으로 중간중간에 '개인/사이드 프로젝트'나 '강연/스터디/자격증' 카테고리의 경험을 쌓은 이유도 발견할 수 있었어요. 시간순으로 정렬해보니 회사에서의 업무 변화에 따라 배우는 분야가 달라진 것을 알게 되었습니다. 사수가 없는 회사라 새로운 직무를 맡았을 때 이를 더 잘해내고자 회사 밖으로 나가 배웠던 거예요.

이렇게 시간순으로 경험을 살펴보며 저의 대표 키워드를 발견했는데, 그것은 바로 '시작'과 '연결'이었습니다. 저는 회사의 변화에 따라 0에서도 일단 시작해보는 사람이었습니다. 키워야 할 역량이 있다면 회사 밖에서 경험하고, 다시 저의 일에 도움을 줄 수 있도록 가져와서 연결하고 있었더라고요.

여러분은 어떤가요? 시간이 흐르면서 역할이 어떻게 변했나요? 변화하는 환경에 어떻게 대처했나요? 그런 흐름 속에서 반복해서 등장하는 키워드는 무엇인가요? 그중 나를 소개하고 싶은 대표 키워드는 무엇인가요? 또는 어떤 키워드로 나를 설명하고 싶은가요? 자, 시간 흐름에 따라 나의 경험을 살펴보았으니 다음 문장을 한번 완성해보겠습니다.

시간의 흐름으로 보았을 때 나의 경험에는 _____가(이) 있었다.

레이아웃을 '보드'로 변경해보기

우리가 정리한 경험 데이터베이스의 레이아웃은 '표'예요. 노션 데이터베이스의 또 다른 장점은 같은 데이터를 가지고 레이아웃을 다양하게 바꿀 수 있다는 거잖아요. 노션 데이터베이스 오른쪽 위에 있는 ⋯을 클릭하면 다양한 레이아웃을 선택할 수 있어요.

'표'는 가장 일반적인 형태로 경험을 쉽게 채울 수 있습니다. 하지만 지금 우리는 경험을 다양한 각도로 살펴보기로 했으니 다른 레이아웃을 이용해서 경험을 살펴볼까요? 이번에는 특정 속성을 기준으로 경험을 묶어 표시해주는 '보드' 유형을 사용해볼게요.

'보드' 유형에서는 원하는 '그룹화 기준'을 선택해 데이터베이스를 볼 수 있어요. 우리는 '카테고리', '소속' 등으로 그룹화할 수 있겠네요. 예를 들어 카테고리로 그룹화한다면 어떤 카테고리에서 가장 많은 경험을 쌓았는지 알아볼 수 있을 거예요. 만약 경험 데이터베이스를 정리하면서 새로운 항목을 만들었다면 해당 항목으로도 구분할 수 있고요.

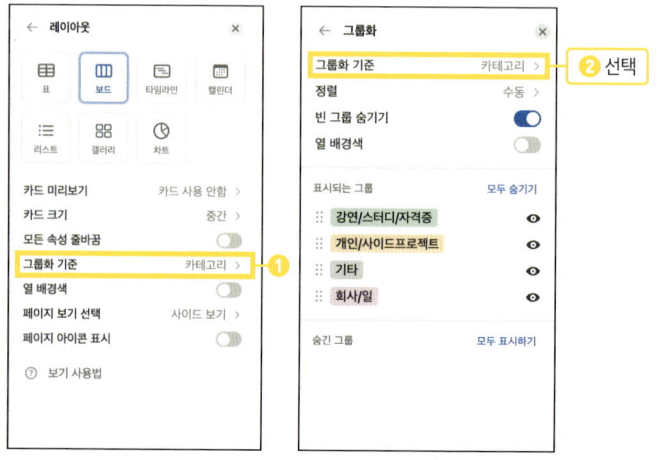

제 경험 데이터베이스에는 새로운 항목으로 '직무/역할'이 적혀 있는데, 이를 기준으로 경험을 묶으면 여러 카데고리에서 내가 가장 많이 수행했거나 관심 있었던 '직무/역할'을 살펴볼 수 있습니다.

표 유형에서 '직무/역할'을 기록할 때는 무엇을 가장 많이 입력했는지 확인하기 어려워요. 하지만 '보드 유형'에서는 내가 어떤 '직무/역할'을 가장 많이 기록했는지 한눈에 볼 수 있습니다.

저는 기획, 마케팅, 운영, 디자인 등 여러 가지 업무를 맡아 해왔지만 강의는 주요 업무가 아니었어요. 교육 기획을 하면서 종종 강의를 진행했지만, 스스로 강사라고 생각한 적은 없었습니다. 하지만 보기 유형을 변경하고 살펴보니 강의 경험이 많았어요. 의외의 발견이었습니다.

그동안의 경험이 눈에 보이기 시작한 덕분인지 이후 강의 제안이 올 때면 '내가 할 수 있을까?' 같은 생각은 덜어놓게 되었어요. 대신 여러 강의 중에서도 내가 어떤 분야를 잘할 수 있고 좋아하는지 고민하며 강의를 선택할 수 있게 되었죠. 어떤 경험은 나도 모르게 쌓입니다. 내가 어떤 직무/역할의 일을 많이 경험했는지 알고 싶다면 지금 보기 유형을 바꾸어 살펴보세요.

자, 앞에서와 마찬가지로 다음 문장을 완성해볼까요? 한 번 해봤으므로 어렵지 않을 겁니다.

    내가 가장 많이 맡은 직무/역할은 _____ 이다.

만약 경험 데이터베이스에서 '직무/역할'을 정리하지 않았다면 '태그'로 기준을 정하고 다음 문장을 생각해볼게요.

    내 경험에서 가장 많은 태그는 _____ 이다.

카테고리별로 면밀하게 경험 살펴보기

경험을 전체적으로 살펴보면서 특이점을 찾아냈다면 이번에는 경험을 가까이에서 하나씩 분석해볼까요? 특정 카테고리에만 필터를 적용해서 시간순으로 정렬해보세요. 예를 들어 '개인/사이드 프로젝트' 또는 '취미/습관' 카테고리만 필터링하여 내가 주로 어떤 관심사를 가졌는지 알아보는 거예요.

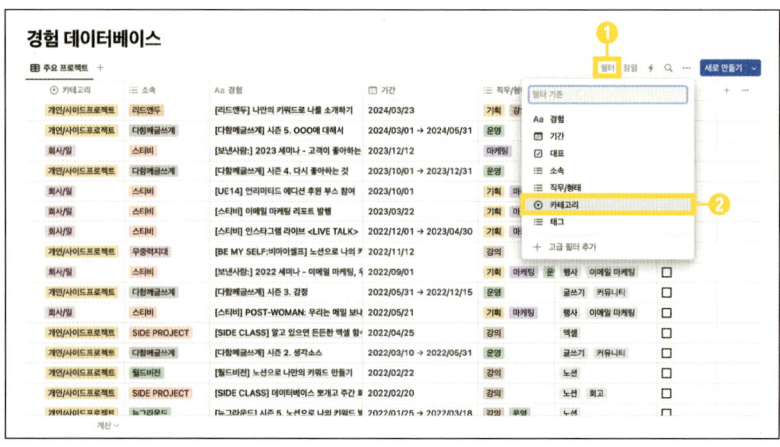

이렇게 보니 저는 강의를 진행하거나 온라인 모임을 진행한 경험이 많았어요. 주로 생산성 툴 사용법을 안내하거나 함께 글 쓰는 모임이었어요. 일방향적 강연의 형태보다는, 제가 아는 것을 공유하고 함께 실행해나가는 커뮤니티형 모임을 선호하는 것도 발견할 수 있었습니다.

'기획'과 '글쓰기'도 필터를 적용해 발견한 키워드예요. 독립출판, 글쓰기 모임 등 회사 밖 활동의 기반이 글이라는 것도 알게 되었습니다. 특히 독립출판처럼 '기획'을 통해 주제를 정하고 글을 모아 결과물을 내는 것을 더 선호하는 것도 알 수 있었고요.

이렇게 다섯 가지 카테고리에 각각 필터를 적용하여 살펴보세요. 이때 시간순으로 정렬하거나 특정 태그를 가지고 있는 경우만 추리면서 해당 카테고리를 집중 분석해봅시다. '회사/일' 카테고리에서는 어떤 변화가 있었나요? '강연/스터디/자격증' 카테고리에서는 주로 무엇을 배웠나요?', '기타' 카테고리로 분류한 경험 간에는 어떤 공통점이 있나요?

각 카테고리별로 경험을 면밀히 살펴보면서 알게 된 것은 이것이었어요. '좋아하는 일이 꼭 하고 싶은 일이 아닐 수도 있고, 하고 싶은 일이 잘하는 일이 아닐 수도 있으며, 잘하는 일이 다시 좋아하는 일이 되는 것도 아니다.' 그러면서 점점 내가 진짜 하고 싶은 일이 무엇인지를 생각하게 되고, 또 알게 되더라고요.

좋아하는 일 ≠ 하고 싶은 일
하고 싶은 일 ≠ 잘하는 일
잘하는 일 ≠ 좋아하는 일

나를 소개할 키워드 찾기

좋아해도 하기 싫은 일이 있고
우연히 하다보니 잘하게 된 일도 있고
잘하지만 직업으로 삼고 싶진 않은 일도 있고

여러분은 어떤가요? 경험을 카테고리별로 세밀하게 살펴보면서 알게 된 점이 있나요? 좋아요. 그럼 다음 문장도 완성해볼까요?

내가 _____ 카테고리를 자세히 살펴보며 알게 된 점은 _____ 이다.

나를 소개할 대표 키워드 발견하기

지금까지 나의 경험을 여러 각도로 살펴보았습니다. 마지막 단계는 발견한 내용을 바탕으로 나를 설명하는 문장을 만드는 거예요. 이를 위해서 나를 소개할 대표 키워드를 찾아볼게요. 자, 지금부터 다음 문장을 살펴봅시다.

1. 시간의 흐름으로 보았을 때 나의 경험에는 _____ 가(이) 있었다.
2. 내가 업무적으로 가장 많이/주로 했던 일은 _____ 이다.
3. 내가 개인적으로 가장 많이/주로 했던 일은 _____ 이다.
4. 경험 데이터베이스를 정리하면서 기억에 남는 세 가지 경험은 _____, _____, _____ 이다.
5. 해당 경험을 선택한 이유는 _____ 이기 때문이다.

익숙하죠? 맞아요. 앞에서 적은 문장들을 한곳에 모아보았어요. 이것을 바탕으로 여러분의 문장을 완성해볼 예정이에요. 우선 여러 사람들의 사례를 알아볼게요. 가장 먼저 저는 이렇게 문장을 채워보았어요.

1. 시간의 흐름으로 보았을 때 나의 경험에는 한 회사에서 지속적인 직무 변화가 있었다.
2. 내가 업무적으로 가장 많이 했던 일은 새로운 일을 기획하고 이를 문서화하는 일이다.
3. 내가 개인적으로 가장 많이 했던 일은 내가 알고 있는 지식을 다른 이들에게 공유하는 일이다.
4. 경험 데이터베이스를 정리하면서 기억에 남는 세 가지 경험은 서포터즈 모임 운영, 글쓰기 모임, 직장인 IT 서비스 공모전 수상이다.
5. 해당 경험을 선택한 이유는 스스로 잘하고 있다는 느낌이 들었던 경험이기 때문이다.

> **예시** 5년 차 마케터 □□ 씨

잡지 에디터로 커리어를 시작하여 이후 스타트업에서 콘텐츠 마케터와 퍼포먼스 마케터를 두루 경험했다.

1. 시간의 흐름으로 보았을 때 나의 경험에는 여러 가지 마케팅을 모두 했다고 생각했으나 브랜드 마케팅과 콘텐츠 마케팅을 주로 해오고 있었다.
2. 내가 업무적으로 가장 많이 했던 일은 콘텐츠와 캠페인을 '기획'하는 일이다. 특히 브랜드 메시지를 발굴하고 재정리해 상세 페이지나 콘텐츠로 풀어내고, 좋은 반응을 이끌어냈을 때 일의 기쁨과 보람을 느낀다는 것을 깨달았다.
3. 내가 개인적으로 가장 많이 했던 일은 글을 기반으로 하는 콘텐츠를 만드는 일이다. 채널은 이메일과 브런치이고 개인적으로 진행했던 뉴스레터와 마케팅 인사이트 & 여행기를 브런치에 연재했다.
4. 경험 데이터베이스를 정리하면서 기억에 남는 세 가지 경험은 '당근마켓 광고 방법' 콘텐츠 제작 및 배포, 스마트잭 - 브랜드 캠페인 기획, '럭키금로우' 프로모션 마케팅 기획 및 운영이다.
5. 해당 경험을 선택한 이유는 나에게 어떻게 일해야 하는지에 대한 깨달음을 주었던 경험이기 때문이다. 브랜드는 고객이 지금 원하는 이야기를 캐치해서 이야기해야 한다는 것, 캠페인을 A부터 Z까지 진행해보았을 때 성과 외에도 얻을 것이 있다는 것, 관성적인 업무를 그대로 받아들이지 않고 더 나은 방향으로 계속 시도해보는 것이 중요하다는 것을 깨달았다. 그리고 그 과정에서 개인적으로 선호하는 일과 업무 형태를 발견할 수 있었다.

> **예시** 여러 차례 이직을 경험한 ▷▷ 씨

대기업에서 커리어를 시작했지만, 중간에 대학원에 진학해 석사 학위를 받은 후 다시 취업해 6년 동안 세 번 이직했다.

1. 시간의 흐름으로 보았을 때 나의 경험은 방위 산업에서 다양한 역할과 업무를 해왔다. 처음에는 우연히 방위 산업 분야에서 일을 시작했지만, 대학원 전공과 이후 취업까지 꾸준히 같은 분야에서 커리어를 쌓으며 전문성을 얻게 된 점이 흥미로웠다.
2. 내가 업무적으로 가장 많이 했던 일은 새로운 사업을 분석하고 조사하는 일이

다. 처음에는 공대 전공을 살려 제조업에서 품질 관리 일을 했는데, 대학원 졸업 이후 연구원으로 전향했고 지금은 품질 관리 경력보다 연구원으로의 경력이 더 길어졌다.
3. 내가 개인적으로 가장 많이 했던 일은 잡 서칭과 이력서 작성이었다. 한 회사에 계속 머물며 진급하는 커리어를 선택할 수도 있지만, 나에게 더 맞는 회사를 찾으려고 꾸준히 노력했다.
4. 경험 데이터베이스를 정리하면서 기억에 남는 세 가지 경험은 첫 회사에서 무기 체계 품질을 관리했던 업무, 대학원 졸업 이후 처음으로 신사업을 기획했던 연구, 무기 성능을 분석했던 시뮬레이션 연구이다.
5. 해당 경험을 선택한 이유는 주어진 역할과 위치에서 최선을 다했던 일이며 다음 커리어로 전향하는 데 디딤돌이 되어주었기 때문이다.

여기까지 문장을 채웠다면 그동안 정리한 경험 데이터베이스와 위의 다섯 가지 질문을 참고해서 마지막 두 개의 문장을 완성해볼 거예요.

1. 나는 _____ 일을 하고 싶은 사람이다.
2. 그 일을 하기 위해 나는 _____ 한 경험을/강점을 가지고 있다.

이번에도 문장을 직접 채우기 전에 우선 다른 사람들의 사례를 살펴봅시다. 저는 앞에서 정리한 내용을 참고해 이런 문장을 완성했어요.

1. 나는 회사 안팎에서의 나의 경험을 적용하며 일을 하고 싶은 사람이다.
2. 그 일을 하기 위해 나는 계속 변화하는 직무 속에서 새로운 프로젝트를 담당했던 경험, 내가 회사와 개인의 경계를 넘나들며 일해본 강점을 가지고 있다.

예시 5년 차 마케터 □□ 씨

1. 나는 고객이 원하는 이야기를 기획하고 만들어 성과를 내는 일을 하고 싶은 사람이다.
2. 그 일을 하기 위해 나는 데이터 기준을 세우며 일해왔고, 더 나은 개선점을 찾는 방식으로 일해본 강점을 가지고 있다.

> **예시** 여러 차례 이직을 경험한 ▷▷ 씨

1. 나는 나의 성장 가능성에 한계를 두지 않고 계속 발전할 수 있는 일을 하고 싶은 사람이다.
2. 그 일을 하기 위해 나는 계속 새로운 환경에 도전하고 변화를 두려워하지 않는 강점을 가지고 있다.

포트폴리오의 경우 주로 이직을 위해, 혹은 새로운 일을 만나기 위해 만드는 경우가 많으므로 '일을 하고 싶은 사람'으로 설명되도록 질문을 준비했습니다. 하지만 살아가고 싶은 삶으로 나를 설명하는 것도 좋아요. 예를 들어 다음과 같습니다.

1. 나는 사람들과 소통하며 살아가는 의미를 발견해나가고 싶은 사람이다.
2. 그 일을 하기 위해 나는 인터뷰를 통해 내가 경험하지 못하는 삶을 발견해온 경험을 가지고 있다.

1. 나는 누구나 자신만이 할 수 있는 이야기를 가지고 있다고 믿는 사람이다.
2. 그 일을 하기 위해 나는 편집자로서, 첫 책을 가장 많이 편집해온 경험을 가지고 있다.

내가 어떤 일을 하고 싶은지, 혹은 어떤 삶을 살아가고 싶은지를 적고 이를 위해 어떤 강점을 가지고 있는지, 어떤 경험을 해왔는지 적어봤어요. 이 질문에 답을 적으면서 산발적으로 흩어져 있었던 경험이 연결되었을 거예요. 내가 왜 그런 선택을 해왔는지도 알게 되고요.

이제 포트폴리오를 만들 충분한 재료가 준비되었습니다. 어려운 건 모두 끝났어요! 다음 빈칸을 직접 채워보세요.

---

1. 시간의 흐름으로 보았을 때, 나의 경험에는 ＿＿＿＿＿＿가(이) 있었다.
2. 내가 업무적으로 가장 많이/주로 했던 일은 ＿＿＿＿＿＿이다.
3. 내가 개인적으로 가장 많이/주로 했던 일은 ＿＿＿＿＿＿이다.
4. 경험 데이터베이스를 정리하면서 기억에 남는 세 가지 경험은 ＿＿＿＿＿＿, ＿＿＿＿＿＿, ＿＿＿＿＿＿이다.
5. 해당 경험을 선택한 이유는 ＿＿＿＿＿＿이기 때문이다.

그리고 마지막 두 개의 문장을 채우는 것도 잊지 마세요.

1. 나는 _____ 일을 하고 싶은 사람이다.
2. 그 일을 하기 위해 나는 _____ 한 경험을/강점을 가지고 있다.

대표 키워드로 나를 소개하기

검색어와 키워드는 어떤 차이가 있나요?
종종 예상하지 않았던 곳에서 필요한 답을 찾을 때가 있습니다. 산책 중에 갑자기 아이디어가 떠오르거나, 우연히 들은 노래 가사에서 꼭 필요한 단어를 발견하는 것처럼 말이죠. 노션으로 포트폴리오를 만들고 관련 강의를 준비할 무렵, 구글 검색 광고에 대해 공부하다 도움말에서 이런 내용을 읽었습니다.

> "검색어란, 사용자가 Google 또는 Google의 검색 네트워크 사이트에서 검색할 때 입력하는 단어 또는 문구를 의미합니다. 키워드는 Google Ads 광고주가 적절한 잠재 고객에게 광고를 타기팅하기 위해 특정 광고그룹에 추가할 수 있는 단어 또는 문구입니다."

사람에 비유해 생각해본다면 검색어는 '타인이 나를 생각하고 입력하는 단어'이고, 키워드는 '내가 발견되었으면 하고 등록하는 단어'로 볼 수 있어요. 살다보면 남들이 생각하는 대로 내 경험을 판단하고 남들이 부르는 대로 나를 소개하기 쉬워요. 하지만 그렇게 지내다보면 내가 무엇을 좋아하는지, 앞으로 어떤 일을 하고 싶은지를 점점 모르게 될 수 있습니다.

포트폴리오를 만들어 나를 소개하는 이유는 궁극적으로 '내가 원하는 방향으로 내가 하고자 하는 일을 선택하기 위해서'라고 생각해요. 그러기 위해서는 다른 사람들이 떠올리는 내가 아닌, 다른 사람들에게 발견되고 싶은 '나'를 알려야 할 것입니다. 즉, 다른 사람들에게 나의 키워드를 등록해주는 것이죠.

우리가 앞에서 적었던 문장 중 마지막 두 문장을 다시 살펴볼까요?

---
1. 나는 _____ 일을 하고 싶은 사람이다.
2. 그 일을 하기 위해 나는 _____ 한 경험을/강점을 가지고 있다.

다시 보니 어떤가요? 지금까지 경험 데이터베이스를 정리하면서 여러분은 내가 무슨 일을 하고 싶은 사람인지, 혹은 어떤 삶을 살고 싶은 사람인지, 그리고 이를 위해 어떤 역량을 가지고 있는지 알게 되었습니다. 이제 이것을 다른 사람들에게 알려줄 '키워드'로 만들어봅시다. 이 과정은 조금 어려울 수도 있는데, 저의 예시를 잘 따라와주세요.

> 1. 나는 회사 안팎에서의 나의 경험을 적용하며 일을 하고 싶은 사람이다.
> 2. 그 일을 하기 위해 나는 계속 변화하는 직무 속에서 새로운 프로젝트를 담당했던 경험, 내가 회사와 개인의 경계를 넘나들며 일한 강점을 가지고 있다.

- 계속 변화하는 직무 속에서 새로운 프로젝트를 담당했다는 점
- 회사와 개인의 경계를 넘나들며 일한 강점

여기서 어떤 역량을 뽑아낼 수 있을까요? '새로운 프로젝트를 많이 담당'했다는 점에서는 이런 강점을 발견했습니다. 0에서 시작하는 업무를 맡은 경험이 많은데, 그게 제게는 어려운 일이 아니었다는 사실입니다. 그래서 '시작이 쉽다'고 소개하고 싶었어요. 덕분에 회사 일이나 맡은 직무 외에도 다양한 경험을 시도할 수 있었다는 것, 언제든지 관심 있는 분야라면 도전하고 싶다는 것을 전하고 싶었거든요.

'회사와 개인의 경계를 넘나들며 일했다'는 내용에서는 개인적으로 한 일과 업무 사이에서 시너지를 얻는다는 점을 알리고 싶었어요. 회사 밖에서 배운 프로세스를 회사 커뮤니티에 적용하거나, 일하면서 알게 된 점을 회사 밖 사람들에게 공유하면서 다시 업무에 적용할 수 있는 정보를 습득한 경험이 있거든요. 하나의 일에만 집중하기를 요구하는 회사보다는, 여러 경험이 연결되어 더 큰 시너지를 낸다는 것을 이해하는 단체와 일하고 싶었습니다. 그래서 '경험의 연결'을 키워드로 삼았죠.

- 계속 변화하는 직무 속에서 새로운 프로젝트를 담당했다 → **시작이 쉬운 사람**
- 회사와 개인의 경계를 넘나들며 일한다 → **경험을 연결하는 사람**

이렇게 발견한 두 가지 키워드로 저를 설명할 포트폴리오를 만들려고 합니다. 사실 이 과정이 참 어려운데요. 키워드를 발견하는 몇 가지 팁이 있습니다.

① 문장을 단어 단위로 쪼개서 키워드 발견하기

첫 번째 팁은 내가 작성했던 문장들을 모두 쪼개 단어로 다시 살펴보는 거예요. 예를 들어 앞에서 소개한 A 씨가 작성한 마지막 두 문장을 단어 단위로 쪼개보겠습니다.

> 1. 나는 고객이 원하는 이야기를 기획하고 만들어 성과를 내는 일을 하고 싶은 사람이다.
> 2. 그 일을 하기 위해 나는 데이터 기준을 세우며 일해왔고 더 나은 개선점을 찾는 방식으로 일해본 강점을 가지고 있다.
> → **단어로 쪼갠 결과**: 고객, 이야기, 기획, 성과, 데이터, 기준, 개선점

이렇게 발견한 단어들로 내가 가진 역량을 소개해볼까요?

- 고객 중심의 사고 방식
- 고객이 듣고자 하는 이야기 알기
- 고객이 듣고자 하는 이야기 만들기
- 데이터 분석으로 고객의 니즈 파악하기
- 현재에 안주하지 않기
- 회피하지 않고 해결 방법 알아내기

이 중에서 내가 키워드로 삼고 싶은 역량은 무엇인가요? 어떤 역량을 사용해 일하고 싶나요? 어떤 가치에 공감하는 사람들과 함께 일하고 싶나요? 그렇다면 이를 활용해 나를 소개해봅시다. 제가 한 것처럼 '○○○한 사람'이라고 적어보아도 좋아요.

- 고객이 원하는 이야기를 기획하고 싶은 사람
- 눈에 보이는 정량적 성과를 만들고 싶은 사람
- 데이터 기준을 세우며 일하는 사람
- 개선점을 찾아가며 일하는 사람

② 내가 하고 싶은 일에서 필요한 역량 알아보기

두 번째는 떠오르는 단어가 한정적일 때 유용하게 사용할 수 있는 팁입니다. 무슨 일을 하고 싶고 어떤 역량을 가지고 있는지 어렴풋이 알고는 있지만, 표현할 단어가 떠오르지 않아 키워드로 만들지 못하는 경우도 있거든요. 이럴 때는 온라인 서점의

책 제목을 훑어보거나 채용 공고를 살펴보는 것을 추천합니다. 떠올리지 못한 단어를 발견하는 데 큰 도움이 될 거예요. 더불어 유사어를 검색해 내가 알고 있는 단어의 수를 늘려봅니다. 나를 소개하기에 적합한 키워드를 발견해보세요.

다음은 포트폴리오에 대표적으로 사용하는 단어의 예시입니다. 이 내용을 참고하여 조합해보아도 좋고, 이 단어에서 아이디어를 얻어 나만의 키워드를 만들어봐도 좋습니다.

<나를 강조하기 좋은 수식어 사용하기>

- 경험의 중요성을 아는, 배우며 성장하는
- 다재다능한, 활동적인, 능동적인, 에너지 충만한, 열정적인, 도전적인, 진심을 다하는
- 참신한, 아이디어 넘치는, 새로운 제안을 잘하는, 상상력, 영감 있는
- 책임감 있는, 함께일 때 시너지가 생기는, 관계의 중요성을 알고 있는, 커뮤니케이션 역량을 갖춘, 설득력 있는, 논리적인
- 꾸준한, 성실한, 현재에 충실한, 기록하고 수집하는

<동사로 표현하기>

- 개선하는, 디자인하는, 설계하는, 창조하는, 현실로 만드는
- 경청하는, 돕는, 응원하는, 앞장서는, 연결하는, 조직하는
- 움직이는, 발견하는, 찾아내는
- 성장하는, 공유하는, 나누는

<역할, 직무로 표현하기>

크리에이터
디렉터
메이커
모더레이터
콘텐츠 에디터
콘텐츠 마케터
콘텐츠 크리에이터
마케터
파인더
디벨로퍼
프로듀서
매니저

③ 일단 키워드 정의하기

마지막 팁은 일단 키워드를 정의하는 것입니다. 키워드를 정의하고 소개글을 쓰는 동안 나도 몰랐던 나를 발견하게 되는 경우도 많답니다. 내가 하고 싶은 일이 무엇인지, 어떤 강점을 가지고 있는지를요. 또한 경험이 계속 쌓이는 만큼 나중에는 나를 설명하는 키워드도 달라질 수 있고요. 그러니 나를 설명할 최고의 키워드를 찾기 전에 '지금의 나'를 설명할 키워드를 정의해보세요. 이후 더 나은 키워드를 발견하면 수정하면 되니까요.

키워드를 통해 나를 소개하는 것은 '다른 사람이 기억하는 나' 말고 '다른 사람이 기억해주었으면 하는 나'를 설명하기 위한 과정입니다. 나의 출신과 배경이 아닌 내가 선택한 '키워드'로 나를 소개한다면 결국 내가 원하는 방향으로 스스로를 데려갈 수 있을 거라고 믿어요. 이렇게 찾은 키워드를 가지고 노션 포트폴리오를 만들어볼 텐데요. 다음은 저의 노션 포트폴리오 소개글 예시입니다. '시작이 쉬운 사람'과 '경험을 연결하는 사람'이라는 키워드를 살려 저의 스토리와 강점을 보여주었어요. 자, 그럼 이제 여러분을 내일로 이끌어주는 포트폴리오를 만들러 갑시다.

이루리 Luri Lee

LinkedIn | Instagram | theyirul@gmail.com

새로운 것을 시도하고 경험을 통해 배웁니다. 배운 것을 활용하고 성장하면서 일하는 보람과 즐거움을 얻습니다. 지금은 이메일 마케팅 서비스, 스티비에서 마케팅 매니저로 일하고 있습니다.

시작이 쉬운 사람

분야를 넘나드는 호기심으로 관심사가 넓습니다. 시작을 두려워하지 않는 용기로 화학 공학을 전공하였지만 컨설턴트로 커리어를 시작하였고 회사에서도 늘 새로운 프로젝트를 담당했습니다. 독립출판, 유튜브, 뉴스레터 등 개인 프로젝트를 진행했던 경험도 있습니다. 빠르게 변화하는 시대에 맞춰 고객의 니즈를 파악하고 원하는 캠페인을 기획하는 데 많은 도움이 되었습니다.

경험을 연결하는 사람

새로운 경험을 통해 느낀 좋은 점들이 나의 고객과 동료들은 물론, 더 많은 사람들에게 공유되기를 바랍니다. 커뮤니티, 스터디에 참여하며 배운 점을 업무에도 적용하거나, 일하며 느낀, 알게 된 점을 다른 사람들과 나누며 다시 새로운 배우는 계기를 마련합니다. 서로 다른 영역에서의 경험들이 연결되어 더 나은 결과를 만들 때, 기쁨을 느낍니다.

Keywords

N 5

노션 포트폴리오 만들기

NOTION PORTPOLIO

지금부터 할 일

경험 데이터베이스와 키워드를 이용해
나를 소개하는 노션 포트폴리오를 만듭니다.

- 키워드를 이용해 자기 소개글을 작성해봅니다.

- 경험 데이터베이스에서 내가 보여주고 싶은 것만 선택해 카드 형태로 보여줍니다.

- 완성한 포트폴리오를 웹에 게시해봅니다.

완성하면

노션 포트폴리오를 통해
나만의 방식으로 나를 소개할 수 있어요.

이루리 Luri Lee

LinkedIn | Instagram | theyirul@gmail.com

새로운 것을 시도하고 경험을 통해 배웁니다. 배운 것을 활용하고 성장하면서 일하는 보람과 즐거움을 얻습니다.
지금은 이메일 마케팅 서비스, 스티비에서 마케팅 매니저로 일하고 있습니다.

시작이 쉬운 사람

분야를 넘나드는 호기심으로 관심사가 넓습니다. 시작을 두려워하지 않는 용기로 화학 공학을 전공하였지만 컨설턴트로 커리어를 시작하였고 회사에서도 늘 새로운 프로젝트를 담당했습니다. 독립출판, 유튜브, 뉴스레터 등 개인 프로젝트를 진행한 경험도 있습니다. 빠르게 변화하는 시대에 맞춰 고객의 니즈를 파악하고 원하는 캠페인을 기획하는 데 많은 도움이 되었습니다.

경험을 연결하는 사람

새로운 경험을 통해 느낀 좋은 점들이 나의 고객과 동료들은 물론, 더 많은 사람들에게 공유되기를 바랍니다. 커뮤니티, 스터디에 참여하며 배운 점을 업무에도 적용하거나, 일하며 느낀 점, 알게 된 점을 다른 사람들과 나누며 다시 새로운 배우는 계기를 마련합니다. 서로 다른 영역에서의 경험들이 연결되어 더 나은 결과를 만들 때, 기쁨을 느낍니다.

우리가 만들 노션 포트폴리오

지금까지 정리한 경험 데이터베이스와 키워드로 노션 포트폴리오를 만들어볼게요. 노션은 간단하게 콘텐츠를 작성하고 웹에 공유할 수 있는 페이지 기능을 제공하고 있습니다. 페이지에 이미지를 넣거나 데이터베이스를 추가하는 등 자유롭게 구성할 수 있어요. 저도 페이지와 데이터베이스를 활용해 포트폴리오를 만들었습니다.

자기소개 영역과 주요 경험으로 구분해서 만든 포트폴리오

지금부터 우리가 만들 노션 포트폴리오는 크게 두 개의 영역으로 구성되어 있습니다. 하나는 앞에서 발견한 '키워드'로 나를 소개하는 영역, 그리고 나머지 하나는 해당 키워드와 관련된 프로젝트를 보여주는 영역입니다. 물론 더 많은 내용을 넣고 싶다면 이어서 자유롭게 추가하면 됩니다.

키워드로 나를 소개하는 영역

내가 해온 프로젝트를 보여주는 영역

노션 포트폴리오 만들기

일단 자기 소개부터 하기

포트폴리오에서 가장 먼저 만나게 되는 자기 소개 영역은 노션의 '페이지' 기능을 사용해 만들 거예요. 자기 소개는 길지 않아도 괜찮아요. 자유롭게 작성할 수 있지만, 우선은 다음 예시를 참고해서 작성하고 이후 원하는 방식으로 변주해보는 방법을 추천합니다.

① 화면 왼쪽 위의 [새 페이지 만들기]( )를 클릭해 빈 페이지를 만듭니다. '새 페이지'라고 쓰여 있는 부분이 이 노션 페이지의 제목으로, 포트폴리오를 웹에 게시할 때 웹사이트의 이름 역할을 하는 부분이기도 합니다.

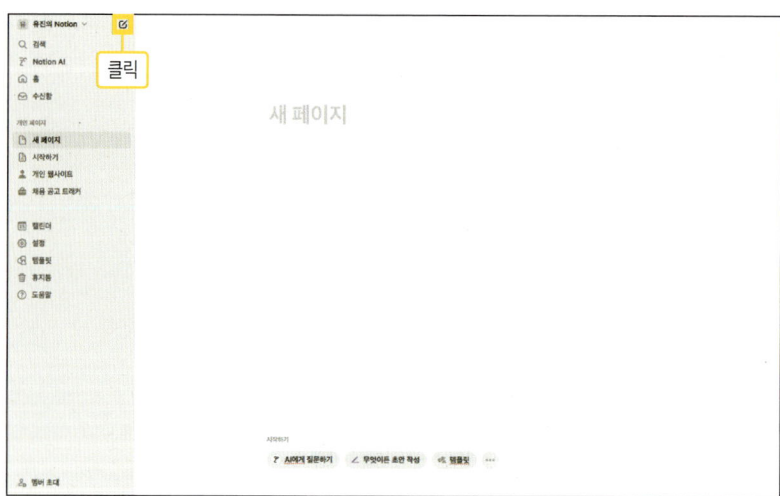

② 나를 소개하는 페이지의 제목으로는 무엇이 좋을까요? 제목을 적어볼게요. 저는 한글과 영문 이름을 적었습니다.

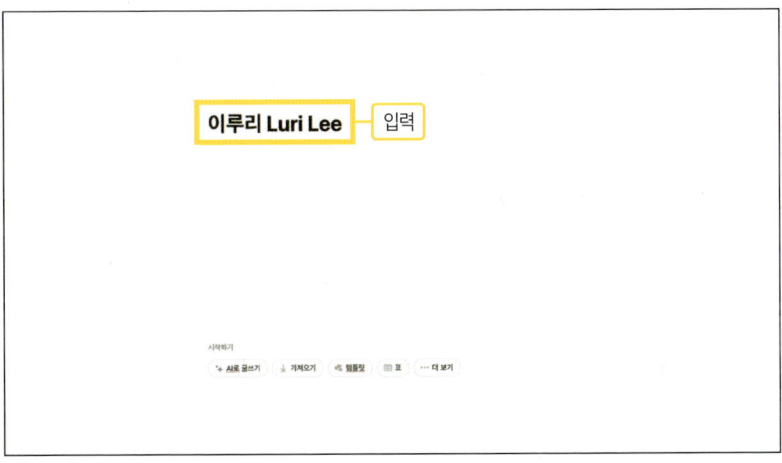

③ 페이지 아이콘을 설정해볼게요. 노션은 페이지별로 아이콘을 추가할 수 있는데, 웹에 게시했을 때 페이지의 파비콘(favicon)으로 치환됩니다. **TIP**

TIP 파비콘(favicon)은 웹사이트의 위쪽에 있는 탭이나 즐겨찾기 목록에서 나타나는 작은 아이콘으로, 대부분의 사이트에서는 로고나 상징적인 이미지를 파비콘으로 사용해요. 파비콘은 방문자가 웹사이트를 식별하는 데 도움을 줄 뿐만 아니라 웹사이트의 전문성과 브랜딩을 강화하는 데도 중요한 역할을 합니다. 노션은 페이지에서 설정하는 아이콘을 곧 파비콘으로 적용합니다. 이때 노션의 이모지나 아이콘을 사용할 수도 있고 사용자가 직접 파일을 업로드하여 지정할 수노 있습니다.

노션 포트폴리오 만들기

④ 저는 직접 만든 이미지 파일을 사용했어요. 이제 이 아이콘이 노션 페이지의 아이콘이자, 웹에 게시했을 때 파비콘의 역할을 합니다.

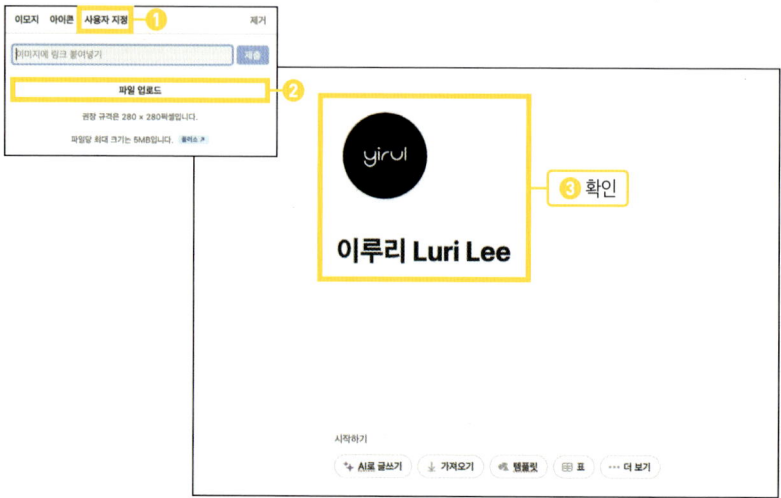

⑤ 포트폴리오는 내가 원하는 새로운 기회로 연결하는 허브 역할을 하므로 이를 위해 가장 잘 보이는 영역에 내게 연락할 수 있는 장치를 마련해줍니다. 자주 사용하는 SNS 채널과 이메일 정도면 적당합니다. 이때 링크 클릭이 가능하다는 것을 보여주기 위해 밑줄을 치거나, 폰트의 색을 변경하거나 배경색을 지정합니다.

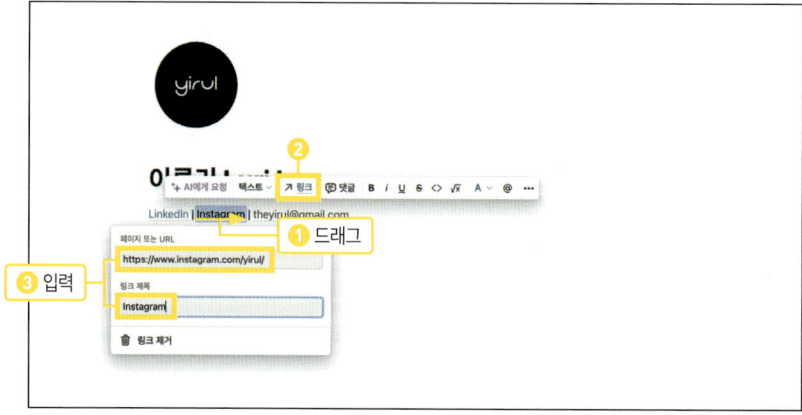

⑥ 참고로 이메일 링크 URL에 'mailto:example@domain.com'이라고 붙이면 클릭해서 바로 이메일을 보낼 수 있어요. 이메일 형식의 텍스트를 드래그하여 링크를 적용하면 자동으로 'mailto'가 붙은 URL이 생성됩니다. 직접 확인해보고 URL이 없다면 직접 써넣어주세요.

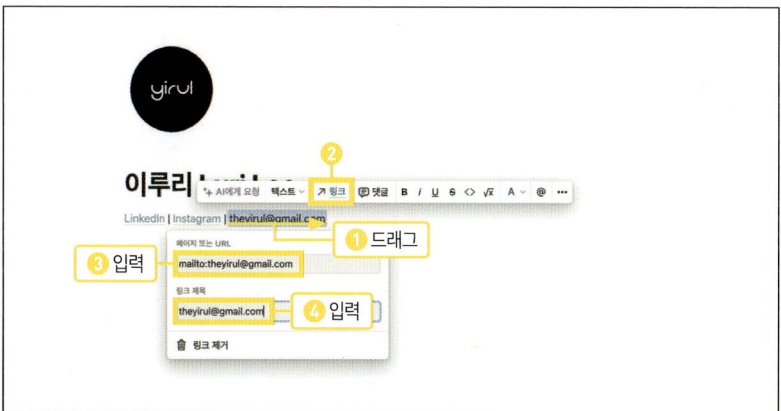

⑦ 키워드로 나를 소개한 내용을 입력하기 전, '/구'까지 입력해 구분선을 넣어 영역을 나눠볼게요. **TIP**

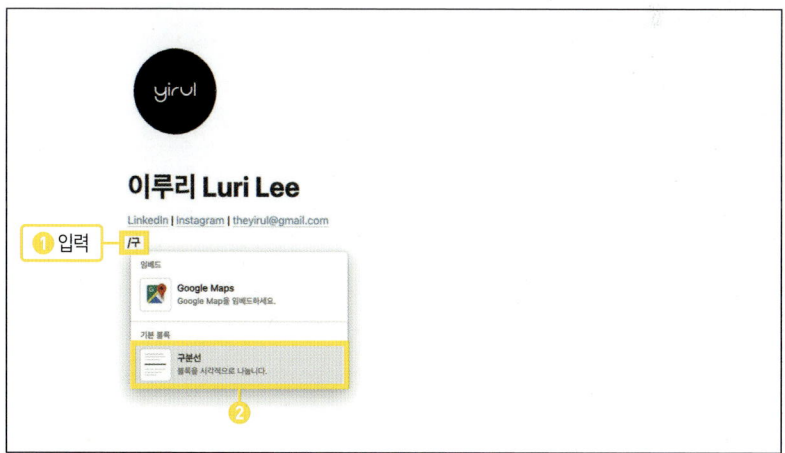

TIP 키보드에서 [/]를 누르면 현재 페이지에서 사용할 수 있는 기능을 확인할 수 있어요.

⑧ 4장에서 발견한 키워드를 활용해 자기 소개를 작성해볼게요. 4장에서 저는 '시작'과 '경험'을 키워드로 선정해서 다음 두 개의 표현을 만들었습니다.

- 시작 → 새로운 시도를 많이 해왔기에 0에서 시작하는 것이 어렵지 않다. → 시작이 쉬운 사람
- 경험 → 다양한 경험을 하고 이를 여러 분야에 적용하는 능력 → 경험을 연결하는 사람

만들어뒀던 표현을 적고 각각의 이유를 아래에 설명했습니다. '시작이 쉬운 사람' 아래에는 지금까지 제가 해봤던 다양한 시도를 적었고, '경험을 연결하는 사람' 아래에는 제가 경험을 여러 상황에 적용하는 일을 중요하게 느낀다는 것을 설명했어요.

⑨ 키워드를 강조하기 위해 서식을 변경해볼게요. 텍스트를 드래그해 메뉴가 나타나면 원하는 서식을 지정하세요. '~한 사람'을 '제목 3'으로 강조합니다. **TIP**

TIP 서식을 변경할 때는 텍스트 앞에 '#'을 입력해서 단축키로 바로 수정할 수 있어요. 예를 들어 텍스트 앞에 '#'을 입력하고 띄어쓰기를 하면 텍스트 서식이 '제목 1'로 변경됩니다. 이와 같은 방식으로 '제목 2'로 바꾸려면 '##'을, '제목 3'으로 바꾸려면 '###'을 앞에 넣으면 됩니다.

⑩ 나를 대표하는 이미지도 넣어볼게요. '/이미지'라고 입력해서 이미지를 추가할 수 있습니다. 이미지가 한 블록을 모두 차지할 경우 화면 전체를 가득 채우므로, 드래그해 자기 소개 문단 옆으로 옮길게요. 이렇게 하면 2단으로 자기 소개 영역을 구성할 수 있습니다. 이미지가 크면 마우스를 드래그하여 조절하세요.

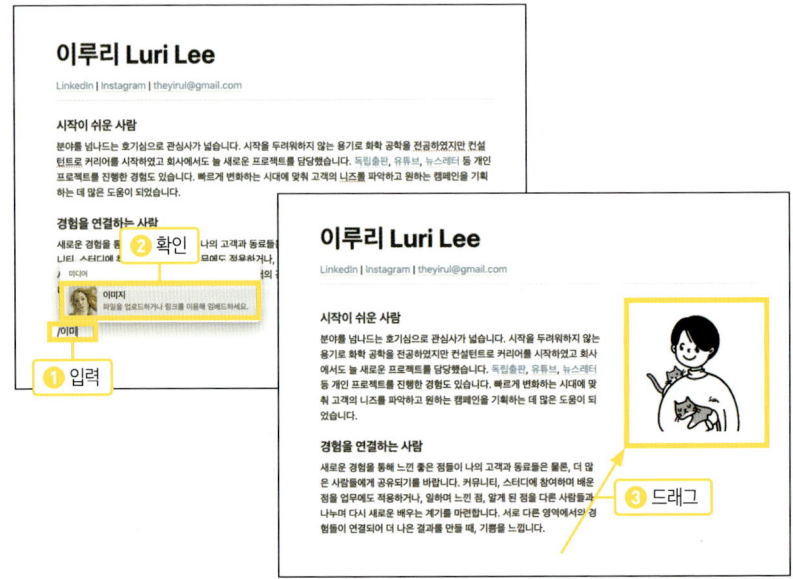

노션 포트폴리오의 자기 소개 작성을 완료했습니다. 그런데 키워드를 중심으로 나를 소개하다보면 '내가 정말 그런 사람일까?', '보여주기식으로 쓴 문장이 아닐까?' 하는 걱정이 들 수 있어요. 만약 멋있어 보이는 문장을 발견하고 차용했다면 이런 마음이 더 크게 들 수도 있습니다.

하지만 자기 소개에 적은 문장은 그냥 만들어진 것이 아닙니다. 우리가 그동안의 경험을 쭉 살펴보고 '내게 어떤 경험이 있는지', '내가 어떤 일을 하고 싶어하는지'를 생각하면서 발견한 문장이죠. 아마 적은 문장마다 관련된 경험들을 하나씩 연결할 수 있을 거예요. (그래서 경험 정리를 먼저 한 거랍니다!) 없는 이야기를 만들어낸 것이 아니므로 불안해할 필요 없어요. 경험 데이터베이스를 만들면서 눈으로 확인한 사람이라면 오히려 불안이 자신감으로 변하는 것을 느낄 수 있을 것입니다.

주요 경험 보여주기

수고하셨어요! 키워드를 활용한 자기소개서 작성을 마무리했으니 지금부터는 사람들에게 보여줄 여러분의 주요 경험을 선택할 거예요. 앞에서 열심히 만들어두었던 '경험 데이터베이스'를 활용할 예정입니다. 경험 데이터베이스를 만들 때 '대표' 항목을 만들었던 것을 기억하나요? 그 '대표' 항목만 체크하면 알아서 나열되는 포트폴리오를 만들어볼 텐데요, 어렵지 않으니 하나씩 따라해보세요.

① 주요 경험을 선택하겠습니다. 우선 작성해둔 경험 데이터베이스에서 사람들에게 보여주고 싶은 '대표' 경험을 최대 아홉 개까지 선택할 거예요. **TIP**

TIP 무엇을 선택해야 할지 모르겠나요? 그렇다면 자기 소개에 적은 키워드를 뒷받침할 경험은 무엇인지 생각해보세요. 키워드를 떠올린 계기가 된 경험을 선택하거나 포트폴리오를 만드는 목적을 고려해보는 것도 좋습니다. 예를 들어 취업을 목적으로 포트폴리오를 정리하고 있다면 원하는 직무와 어울리는 경험을 선택하면 도움이 되겠죠? 다양한 기회를 잡기 위해 경험을 정리하고 있다면 즐거웠던 일과 앞으로도 계속 하고 싶은 일을 선택해보세요. 해당 경험이 있다는 것을 알아본 누군가가 또 다른 재밌는 일을 제안할 수도 있으니까요.

② 대표 경험을 모두 골랐나요? 화면의 오른쪽 위에 있는 ⋯ 을 클릭하고 [보기 링크 복사]를 선택합니다. 무슨 일이 일어났나요? 아무 일도 일어나지 않았을 거예요. 우리는 데이터베이스를 복사했을 뿐이니까요.

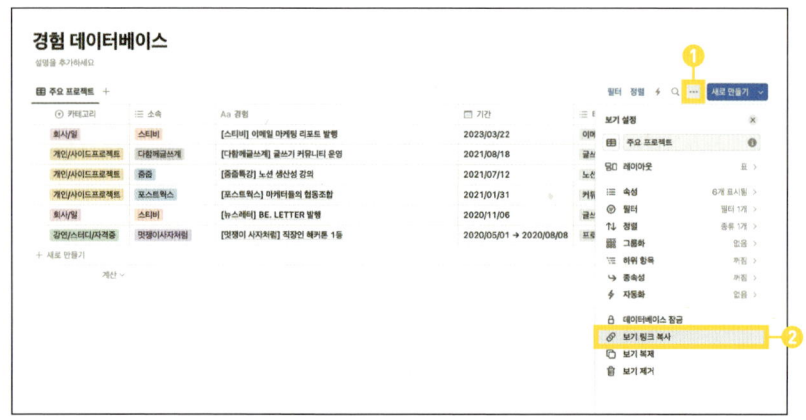

③ 자, 복사했으니 이제 붙여넣어야겠죠? 자기 소개를 작성해둔 포트폴리오 화면으로 이동해서 보기 링크를 붙여넣어주세요. 이때 붙여넣기의 단축키는 Ctrl (Cmd) + V 입니다. 노션에 새로운 선택 메뉴가 표시되면 [링크된 데이터베이스 보기 생성]을 선택합니다.

④ 붙여넣기한 데이터베이스는 앞에서 작성했던 경험 데이터베이스와 동기화되어 있습니다. 즉, 여기서 내용을 추가하거나, 수정하거나, 삭제하면 기존 경험 데이터베이스도 변경됩니다. 하지만 너무 많은 내용을 포트폴리오에서 보여주고 싶진 않겠죠? 읽는 사람도 힘들 거예요. 이때 '대표' 항목이 빛을 발휘합니다.

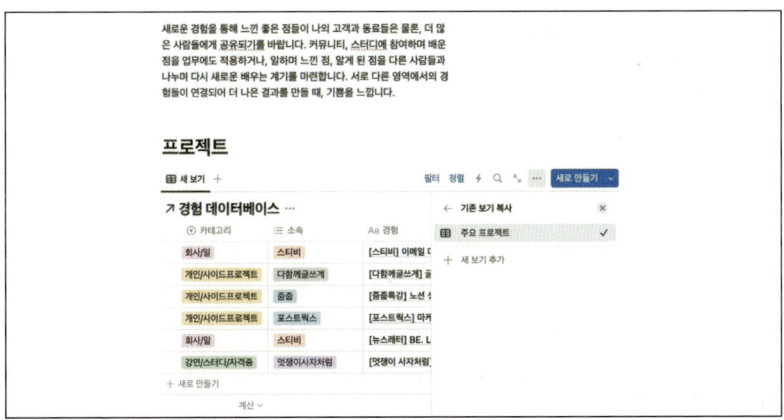

⑤ 다시 화면의 오른쪽 위에 있는 [...]을 클릭하고 [필터 추가]를 선택한 후 여기서 '대표' 항목을 선택합니다. '체크 표시됨'만 보이도록 필터를 설정해볼까요?
앞에서 기록해둔 경험이 없어지고, 대표 항목으로 선택한 경험만 나타났을 거예요. 경험이 삭제된 건 아닐까 걱정하지 않아도 됩니다. 보이는 것만 달라졌을 뿐 내용은 삭제되지 않았으니까요. 더 보기 좋게 만들어볼게요.

⑥ 표 대신 이미지가 보이도록 설정할 거예요. ⋯을 클릭하고 '레이아웃'을 '갤러리'로 설정하면 훨씬 보기가 좋습니다.

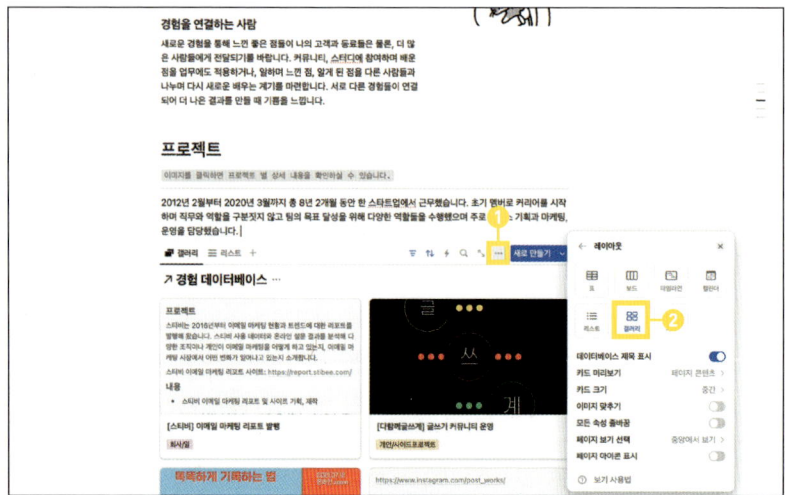

⑦ 그런데 아홉 개의 경험이 모두 나열되니까 2열은 조금 길게 느껴지네요. 3열로 바꿔볼게요. 중간으로 설정되어 있는 '카드 크기'를 '작게'로 변경합니다.

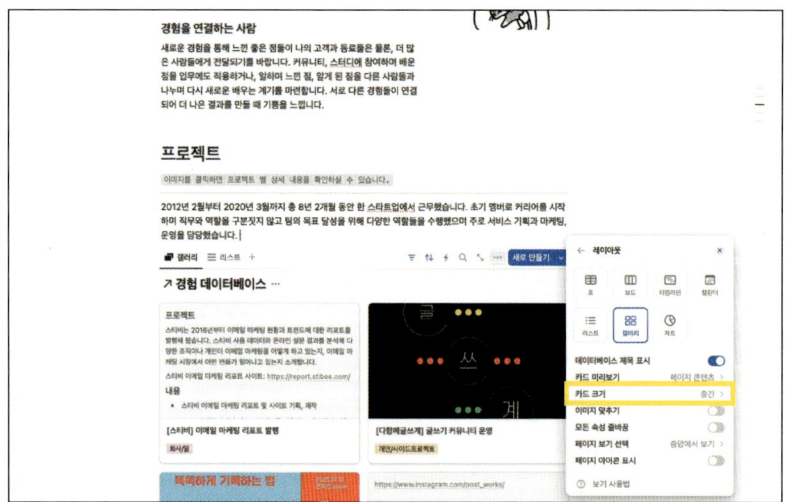

⑧ 그 외에도 '레이아웃' 항목에서 이것저것 변경해보세요. '데이터베이스 제목 표시'를 끄고 페이지 아이콘도 해제합니다. 포트폴리오가 완성되어가는 것이 느껴지나요?

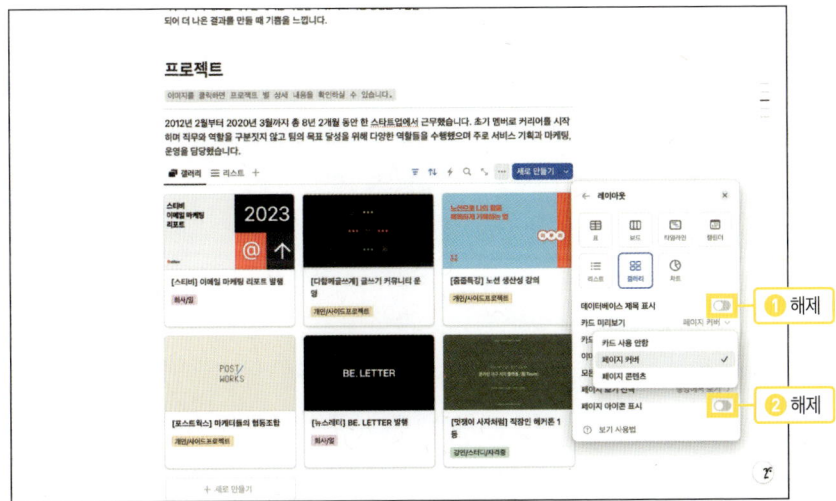

노션 포트폴리오 만들기

주요 경험 설명하기

나의 포트폴리오는 어디에 활용될까요? 보통은 내가 어떤 일을 잘하는 사람인지 보여주고 새로운 기회와 연결하기 위해 포트폴리오를 사용합니다. 지금까지 포트폴리오에 나에 대한 소개글을 작성하고 그와 관련된 주요 경험을 소개했습니다. 이제 각각의 경험에 대해 자세히 설명해볼게요.

① 노션 데이터베이스는 표처럼 보이지만 모두 개별 페이지로 구성되어 있어요. 주요 경험에서 이미지를 클릭하면 페이지가 나타나고 그 안에 내용을 작성할 수 있습니다. 경험을 소개하는 데서 그치지 않고 좀 더 상세히 설명해보세요. 여러분의 경험에 관심이 생긴 사람에게 친절히 알려주는 거예요.

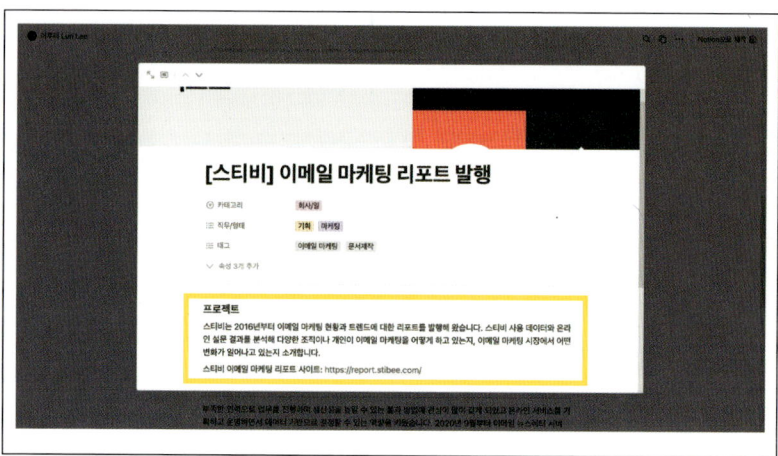

경험 데이터베이스 개별 페이지에 설명 추가하기

② 이제 나를 소개하는 영역과 나의 경험을 보여주는 영역까지 완성했습니다. 하단은 자유롭게 구성할 수 있어요. 예를 들어 그동안의 이력을 한눈에 보여주는 영역을 추가할 수도 있고, 업무적으로 내가 가지고 있는 스킬을 보여주는 영역, 대외적으로 공개된 인터뷰 등을 연결하는 링크 등을 추가할 수 있습니다.

노션 포트폴리오 만들기

③ 저는 두 가지 목적을 가지고 포트폴리오를 만들었습니다. 그중 하나는 '내가 어떻게 일하는지 보여주어 결이 맞는 팀과 일하고 싶다'였고 또 하나는 '내가 잘하는 것을 보여주고 새로운 기회를 만나고 싶다'였어요. 그래서 이런 내용이 포함되도록 추가 구성을 해보았답니다.

우선 '함께 일하기' 영역을 만들었습니다. 여기에는 그동안의 경력을 한 번에 볼 수 있는 이력서와 일과 관련된 태도를 볼 수 있는 인터뷰 및 기고글을 추가로 넣었어요. 그리고 '스스로 성장하기' 영역을 만들어 여러 관심사를 가지고 있다는 것을 어필했어요. 저는 특히 글쓰기나, 재밌어 보이는 프로젝트를 다양하게 기획하고 수행하는 것을 좋아하는데, 이 점이 잘 드러나기를 바라며 구성했습니다.

함께 일하기

관심 키워드: #생산성 #기획 #마케팅 #운영 #데이터분석 #그로스해킹

부족한 인력으로 업무를 진행하며 생산성을 높일 수 있는 툴과 방법에 관심이 많이 갖게 되었고 온라인 서비스를 기획하고 운영하면서 데이터 기반으로 결정할 수 있는 역량을 키웠습니다. 2020년 9월부터 이메일 뉴스레터 서비스, 스티비 마케팅 매니저로 일하고 있습니다.

✓ 이력서
✓ 인터뷰 및 기고글

스스로 성장하기

관심 키워드: #경험 #글쓰기 #디자인 #성장 #인테리어 #필름사진 #독립출판 #고양이

배우는 것을 좋아하고 시도하는 것에 두려움이 없습니다. 스타트업에서 커리어를 시작하면서 개인의 성장을 위해 꾸준히 배워왔으며 함께 성장하기 위해 경험담을 공유하는 것을 좋아합니다. 이는 업무 뿐만 아닌 여러 관심사에 있어서도 마찬가지입니다.

✓ 글쓰기

함께 하고 싶은 일이 있다면 theyirul@gmail.com 이메일로 제안해 주세요.

Updated 2024. 03

④ 어때요. 여러분만의 노션 포트폴리오를 차근차근 완성하고 있나요? 사실 이 과정을 통해 만들 수 있는 노션 포트폴리오를 템플릿으로 준비했답니다. 오른쪽 QR 코드를 통해 템플릿을 복제해서 사용할 수 있도록 만들어두었어요.

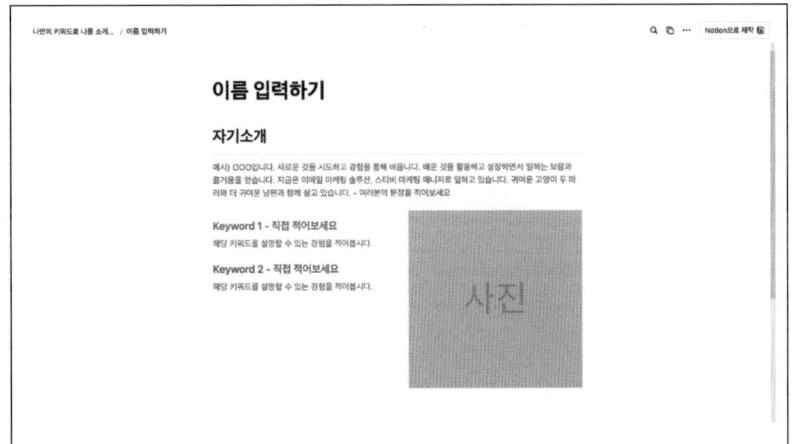

웹에 포트폴리오 게시하기

이렇게 제작한 포트폴리오를 누군가와 공유하려면 웹에 게시해야 합니다. 게시 방법은 아주 간단하니 하나씩 따라해보세요.

① 화면의 오른쪽 위에 있는 '공유'를 클릭하고 [게시] 버튼을 클릭합니다. 이때 누군가 나의 포트폴리오를 복제하는 것이 싫다면 '템플릿 복제 허용'을 꺼주세요.

② 포트폴리오 페이지에는 경험 데이터베이스가 링크로 연결되어 있습니다. 이 데이터베이스도 웹에 게시해야 모두에게 공개됩니다. 따라서 경험 데이터베이스 페이지로 되돌아가서 마찬가지로 '공유'를 클릭하고 '게시'를 선택합니다.

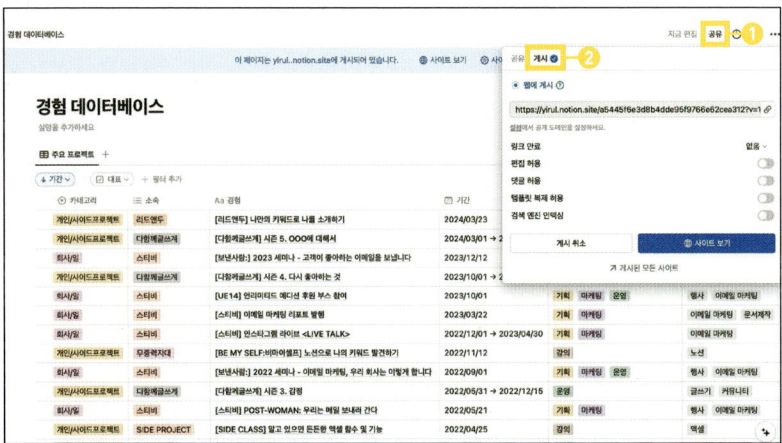

노션 포트폴리오 만들기

노션의 한계,
게시할 때 주의하세요!

경험 데이터베이스를 포트폴리오와 연결하면 경험을 내 공간에 저장하면서 포트폴리오까지 편하게 관리할 수 있습니다. 어떤 경험을 기록할지 고민하지 않아도 다른 사람들에게 소개하고 싶은 것만 정리해 공개할 수 있어요.

하지만 노션은 페이지를 웹에 게시할 때 몇 가지 한계를 가지고 있습니다. 웹페이지에 접속한 사람들이 데이터베이스의 필터 및 정렬을 변경할 수 있다는 것입니다. 또 상단에 표시되는 페이지 경로를 클릭하면 내 경험 데이터베이스 페이지에 접근할 수 있고요. 즉, 대표 항목으로 설정한 경험 외의 다른 경험도 볼 수 있다는 점이죠.

다음과 같이 경험 데이터베이스에서 대표 항목만 보이도록 설정해둔 프로젝트 영역에서 항목 하나를 선택해 읽어볼게요.

화면의 왼쪽 위에 있는 '경험 데이터베이스'라는 제목을 클릭해보세요.

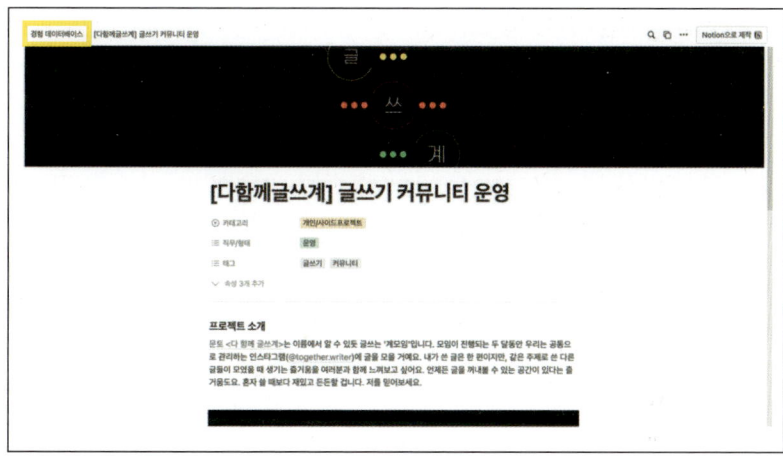

그러면 대표 항목으로 선택한 경험 외에 내가 작성한 경험이 모두 보입니다.

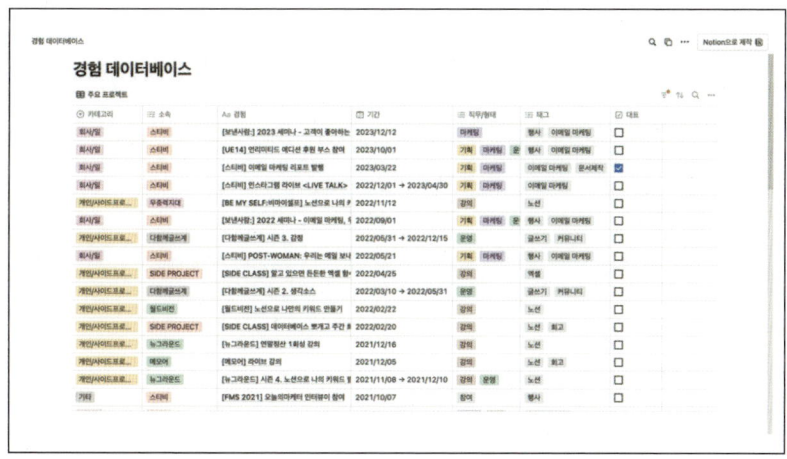

노션도 이러한 문제점을 인지하고 있고 차근차근 개선해나가고 있습니다. 2024년 6월부터 유료 사용자는 웹에 게시하는 페이지 헤더를 지정하여 페이지 경로를 숨길 수 있습니다. 조금 번거로울 수 있지만 무료 사용자 또한 이 문제를 해결할 방법이 있습니다. 우리가 당장 할 수 있는 해결 방법을 알아보겠습니다.

데이터베이스에서 숨기고 싶은 경험 '웹에 게시' 취소하기

경험 데이터베이스에서 대표 항목을 제외한 나머지 경험의 웹 게시를 취소하는 것입니다. 앞에서 경험 데이터베이스 페이지를 웹에 게시해야 모두에게 보인다고 했죠? 이렇게 하면 우리가 보여주기 위한 경험뿐만 아니라 기억하기 위해서 저장해둔 경험까지 모두 공개됩니다. 이럴 때는 보여주고 싶지 않은 개별 경험을 클릭하고 화면의 오른쪽 위에 있는 '공유'를 클릭한 후 '게시'의 [게시 취소] 버튼을 클릭합니다.

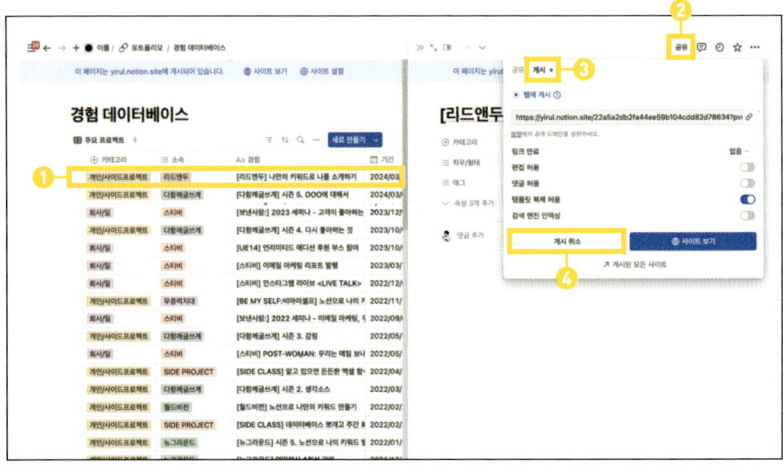

이렇게 하면 게시 취소한 경험은 웹에서 보이지 않아요. 아쉬운 점은 경험마다 개별적으로 게시를 취소해야 한다는 것입니다. 현재로는 이것이 노션의 기본 기능을 활용할 수 있는 유일한 방법입니다.

노션을 웹사이트처럼 만들어주는 특정 서비스 이용하기

노션을 보다 웹사이트처럼 사용하고 싶다면, 노션을 웹사이트로 최적화시키는 서비스를 이용해보세요. 국내 서비스로는 우피(https://www.oopy.io)가 대표적입니다. 우피는 월 5,900원부터 시작하는 유료 서비스로, 노션에서 제공하지 않는 기능을 적용해 실제 웹사이트처럼 보이게 만들 수 있습니다. 링크된 데이터베이스에서 필터 및 정렬 기능을 사용할 수 없게 만들고 페이지 경로도 보이지 않게 설정하여 원본 경험 데이터베이스로 이동하는 것을 막을 수 있어요.

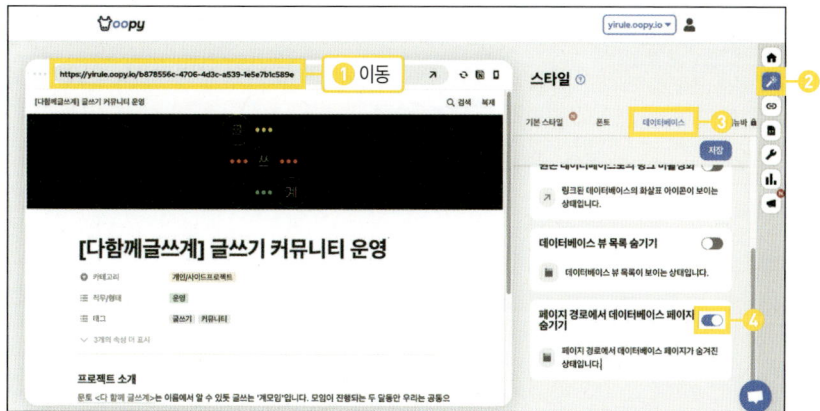

그 외에도 우피에서는 내가 원하는 커스텀 도메인을 설정하거나 페이지 너비를 바꾸고 HTML을 수정하는 등의 기능을 사용할 수 있습니다. 우피는 가입하고 일주일 동안 무료로 사용할 수 있으니 이 기간 동안 나에게 필요한 기능이 있는지 확인해 보고 이용하세요!

에필로그

NOTION EPILOGUE

일을 잘 벌이는 사람에게는 한 번씩 모두 때려치우고 싶은 순간이 오기 마련입니다.
2020년 3월 시간도 많고 에너지도 넘치던 시기, 해보고 싶던 일과 찾아온 기회 모두 놓치지 않고 도전했습니다. 퇴사한 덕에 눈치 볼 곳도 없었고, 코로나19 때문에 대부분의 행사가 온라인으로 진행되어 시간과 장소에 구애받지 않고 참여할 수 있었죠. 노션 앰배서더로 활동하며 생산성과 관련된 글을 쓰거나 강의를 하고, 글쓰기 모임을 리딩하거나 주간 회고 커뮤니티에 참여하는 등 2년 정도 여러 활동을 해나 갔어요. 몸을 가장 덜 움직였는데 가장 많은 사람을 알게 된 재밌는 시기였습니다. 그러나 새 회사에 입사 후 출퇴근하는 일상이 시작되자 벌여놓은 일들이 점점 부담스럽게 느껴졌어요. 이 일들을 정리하고 새해에는 가장 중요한 하나만 제대로 해보자 다짐하며 2023년을 맞이했습니다.

처음 몇 달은 여유로워 좋았어요. 하지만 따뜻한 봄바람이 불어오자 몸이 근질거렸습니다. 그때를 놓치지 않고 다가온 출간 제안은 새해 다짐을 뒤흔들기에 충분했고요. 오래전 제 워크숍에 참가했던 인연의 연락만으로도 반가운데, 그 내용을 책으로 내보자고 제안받다니. '내 강의가 도움이 되었구나' 싶어 눈물이 다 났어요. "그래, 내가 올해 꼭 해야 하는 중요한 하나는 바로 이것, 책을 쓰는 일이 아닐까!"

일을 잘 벌이는 사람은 뭐든 시작하기 전에 좀 쉽게 생각하기 마련입니다. 그때로 돌아간다면 한 번 더 진지하게 생각해보라고 조언하겠으나 당시에는 쉽게 생각했습니다. 하고 싶은 마음이 들어섰으니 뭐든 할 수 있다는 방향으로 긍정 회로를 돌렸어요. 아예 처음부터 써야 하는 것도 아니고 강의안도 있으니 정리만 하면 되지 않을까? 이왕 정리하는 김에 강의하면서 아쉬웠던 부분을 보강하고 싶은 욕심도 들었고요. 이런 건 마감이 있어야 할 수 있으니 책으로 만들면서 강의안도 보강하면 좋지 않겠냐는 생각이었죠.

"강의했던 내용이라 목차는 있고! 그럼 4개월이면 충분하지 않을까요?"라는 내용이 담긴 답장을 보냈습니다. 2023년 3월이었습니다. 그렇게 시작한 책이 이제야 나왔습니다. 거의 2년 가까이 걸렸네요. 원래 계획은 4개월 동안 쓰고 편집하여 9월에 책을 낼 생각이었는데, 말도 안 되는 계획이었다는 걸 이제야 알겠습니다. 편집자님의 함축된 미소에서 눈치를 챘어야 했는데……. 당찬 포부를 담은 답장은 하루만에 썼는데, 책은 오래 걸렸습니다. 중간중간 '출판 계약을 해지하면 어떻게 되나요?'를 검색했음을 고백합니다.

에필로그

이 책은 나처럼 일을 잘 벌이는 사람을 생각하며 썼습니다. 전 작은 회사에서 커리어를 시작했어요. 화학공학이라는 전공을 살려 입사할 수도 있었겠지만 막상 졸업할 때가 되니 더 재밌는 일, 더 하고 싶은 일에 마음이 쏠렸습니다. 작은 컨설팅 회사에서 2개월 동안 진행하는 프로젝트에 인턴으로 참여한 후 정규직으로 전환되어 8년을 넘게 다녔어요. 초반에는 일 배우는 재미로 몇 년을 보냈고, 시간이 흐르다보니 회사가 꼭 나인 것 같아 잘 키워보고 싶은 마음에 꽤 오랜 시간을 함께 했습니다.

업무에 불만은 없었지만 매번 불안했던 것 같습니다. 이름을 말한다고 누구나 고개를 끄덕이는 회사도 아닌 데다, 소규모의 인력으로 당장 해야 하는 일을 처리하다보면 내 직무가 무엇인지 정체성에 혼란이 왔어요. 과연 이 시간이 모여 나의 전문성을 만들어줄 수나 있을지, 소위 말하는 물경력이 되는 것은 아닐지에 대한 불안이었죠. 그런 불안을 가지고도 오랫동안 한 회사에 다녔던 이유는 해볼 수 있는 일이 많았기 때문입니다. 시도를 겁내지 않았던 상사와 동료들이 있었고 덕분에 연차에 비해 다양한 경험을 쌓을 수 있었어요.

불안한 마음으로 해왔던 일이 나의 경력이 될 수 있다는 것. 퇴사 후 노션 포트폴리오를 만들면서 알게 되었습니다. 그동안 해왔던 일을 잊지 않도록 일단 모두 적어본 것이 시작이었습니다. 표 레이아웃의 노션 데이터베이스를 만들어 그동안의 경험을 하나씩 섞었어요. 적어보니 좋았습니다. 불안한 마음이 조금은 가라앉았어요. 8년이라는 시간 동안 경험한 다양한 일 중에서도 나의 전문성을 더 잘 보여줄 수 있는 것들을 추렸고, 나름 자랑스러운 프로젝트도 몇 개 눈에 띄었어요. 출퇴근만 하며 보낸 시간이라 생각했는데 아니었습니다. 치열하게 회사 일에 집중했던 시간, 그리고 배움에 목말라 회사 밖을 찾아다니던 시간이 보였습니다.

내가 선택해서 한 일이 아니었다 해도 일의 해석은 나에게 달려 있었습니다. '컨설팅 프로젝트에 처음 참여하면서 문서 작성 하나는 제대로 배웠지, 페이스북 페이지가 인기 있던 시절이라 온라인 마케팅을 제대로 해볼 수 있었네, 그로스 해킹에 관심이 생겨 참여한 스터디에서 스타트업 사람들을 많이 알게 됐지.' 다음 스텝을 정해놓지 않은 퇴사였지만 그동안의 경험과 그로부터 얻은 것을 눈으로 확인하니 불안하지 않았습니다. 이것도 저것도 해봤는데 뭔들 못하리라는 마음이 들었달까요.

나와 비슷한 고민과 불안을 가지고 있는 사람들에게 도움이 되고 싶었습니다. 경험을 정리하며 내가 얻은 힘을 그들도 느꼈으면 하는 바람으로 강의를 했고, 수강한 분들이 자신감을 얻는 모습에 보람을 느꼈습니다. '다들 열심히 살아가고 있으면서도 이를 정리할 시간을 갖지 못해 불안해하는구나.' 경험을 정리하고 키워드를 발견해 포트폴리오로 만들면서 그들의 고민이 해소되는 것을 보았습니다. 더 많은 사람이 자신이 보낸 시간을 무의미하다고 느끼지 않았으면 하는 바람을 이 책에 담았습니다.

강의 첫 시간, 가장 먼저 경험을 정리할 데이터베이스를 만듭니다. 책의 단계와 똑같아요. 이때 사람들은 꽉 채워진 저의 경험 데이터베이스 예시를 보면서 '나도 저렇게 채울 수 있을까?'라고 걱정하기 시작합니다. 하지만 몇 번의 강의를 통해 알게 된 것이 있어요. 다들 시작이 어렵지, 한번 시작하면 시간 가는 줄 모르고 채운다는 것입니다. 그러니 이 책으로 노션 포트폴리오를 만들기로 결심했다면 딱 한 시간만 투자해 내가 했던 일을 경험 데이터베이스에 하나씩 적어봅시다. 어느 순간 몰입되어 잊고 있던 경험까지 모두 적어내려가게 될 거라고 감히 장담합니다. 그리고 그렇게 채운 경험을 보면서 스스로를 설명할 키워드를 발견하고 이를 활용해 나만의 노션 포트폴리오도 완성할 수 있을 것이라 믿어요.

이 책을 쓰는 동안 저는 한 아이의 엄마가 되었습니다. 원래는 책이 아기보다 먼저 나와야 했는데, 아기가 선수를 쳐버렸어요. 100일 된 아기가 잠든 순간마다 틈틈이 에필로그를 씁니다. 언젠가 이 책을 읽을지도 모르는 나의 아기에게도 꼭 말해주고 싶어요. 어떤 경험이 어떻게 연결될지 모르니 해보고 싶다면 해보자고. 그리고 그런 경험이 쌓여 결국 자신의 모습이 될 것이라고 말이에요. 이건 지금 이 에필로그를 읽는 당신에게도 전하고 싶은 말입니다.

평범한 경험도 특별하게 만드는 노션 포트폴리오
나를 소개하는 키워드 찾는 법

초판 발행 ㅤZㅤ 2024년 11월 20일

지은이 ㅤZㅤ 이루리
발행인 ㅤZㅤ 이종원
발행처 ㅤZㅤ ㈜도서출판 길벗
브랜드 ㅤZㅤ 리드앤두 READ N DO
출판사 등록일 ㅤZㅤ 1990년 12월 24일
주소 ㅤZㅤ 서울시 마포구 월드컵로 10길 56(서교동)
대표전화 ㅤZㅤ 02)332-0931 | 팩스 ㅤZㅤ 02)323-0586
홈페이지 ㅤZㅤ www.readndo.co.kr | 이메일 ㅤZㅤ hello@readndo.co.kr

리드앤두 ㅤZㅤ 김민기, 이정, 연정모, 박세리 | 객원편집장 ㅤZㅤ 김보희
제작 ㅤZㅤ 이준호, 손일순, 이진혁 | 유통혁신 ㅤZㅤ 한준희 | 영업관리 ㅤZㅤ 김명자, 심선숙 | 독자지원 ㅤZㅤ 윤정아

디자인 ㅤZㅤ 스튜디오 고민 | 전산편집 ㅤZㅤ 김정미 | 교정교열 ㅤZㅤ 안혜희 | 인쇄 및 제본 ㅤZㅤ 정민

· 리드앤두는 읽고 실행하는 두어들을 위한 ㈜도서출판 길벗의 출판 브랜드입니다.
· 잘못 만든 책은 구입한 서점에서 바꿔드립니다.
· 이 책에 실린 모든 내용, 디자인, 이미지, 편집 구성의 저작권은 ㈜도서출판 길벗(READ N DO)과
  지은이에게 있습니다. 허락 없이 복제하거나 다른 매체에 실을 수 없습니다.

ⓒ 이루리, 2024

ISBN 979-11-407-1163-5 (03190)
(길벗 도서번호 700002)

정가 18,000원

독자의 1초까지 아껴주는 길벗출판사

㈜도서출판 길벗 | IT교육서, IT단행본, 경제경영, 교양, 성인어학, 자녀교육, 취미실용 ㅤwww.gilbut.co.kr
길벗스쿨 | 국어학습, 수학학습, 어린이교양, 주니어 어학학습, 학습단행본 ㅤwww.gilbutschool.co.kr